「国境なき医師団」をそれでも見に行く
戦争とバングラデシュ編

Report of
Médecins Sans Frontières
by Seiko Ito

いとうせいこう

講談社

まえがき

それでも、とはどういうことだろうか。

『「国境なき医師団」をそれでも見に行く』とは？

今回の取材中に編集者からメールで問い合わせを受け、自分自身で連載の名前を即決しておいて、なぜ俺は今になって引っかかっているのか。晴れて原稿が本になるというのに。

俺はこれまで七ヵ国での「国境なき医師団」（Médecins Sans Frontières、略称ＭＳＦ）の活動を次々と見てきた。

そのことはこれから始まる本文の冒頭にも書いてある。

そして今回見たのはバングラデシュにあるロヒンギャ難民キャンプであった。

帰国後、複雑に過ぎる事態をきちんと整理したくて、ＭＳＦ東京の海外メンバーに集まってもらって問題点を再び話し合ったし、多忙な歴史学者である藤原辰史さんにも時間をいただいて、今ある世界の過酷さの根源は何か教えを乞うた。奥深い言葉が与えられた。難民がなぜ生まれ、追われるのか、ミャンマーでもガザ地区でもそこにどんな歴史の歪みが反映されるのか。

それでも俺はいまだに混乱したままでいる。

しかし、だから俺は「それでも」と言いたかったのだろうか。「またまた」とか「もっともっと」といった軽妙なフレーズではまったく対応できない事態の奥暗さを、今回俺が感じ続けたのは確かではあるのだけれど。

ＭＳＦメンバーからよく出てくる「私たちがいなくていい世界にするために、私たちが今ここにいる」という絶妙な言葉がある。それが自分の「それでも」への疑念に関係あると気づいたのは、ずいぶん考えてからだった。

そんな言葉を掲げる彼らが実際そこにいて欲しいと望まれ続けてしまうこと、あるいはついに彼ら自身が紛争地で攻撃の対象とされている異常さは、できればその事実に目をふさぎ耳をふさぎたいほどで、俺は本当はもう耐えきれないのだ。ガザでヨルダン川西岸地区でミャンマーでウクライナで起きていることに。

だがそこにＭＳＦが踏みとどまっている、あるいは危険の度が過ぎるがゆえに冷静にギリギリのラインまで退避してひたすら前方をにらんでいる、ないしは一歩ずつ目的地へにじり寄っている。その様子を知る度、俺は自分の目や耳をふさいでいる手のひらをほんのわずかでも動かしたくなる。

「私たちがいなくていい世界にするために、私たちが今ここにいる」というフレーズが、単に病気や怪我への対応ばかりでなく、矛盾だらけの地そのものでの誰にも譲れない存在の重要性を示しているとわかるからだ。彼らはこの希望なき世界で、信じることのできない希望のためになお〝踏みとどまっている〟、あるいは〝退避してひたすら前方をにらんでいる〟、または〝一歩ずつ目的地へにじり寄っている〟。

つまり、それでも彼らはいる。

彼らは挫折をもろに引き受けながら、しかしそこを去らない。次々駆けつける。それでも世界がどうすべきかを提言し続ける。

ユーモアのひとつも言ってみせながら歯を食いしばり直す彼らのあとを、俺は怯えた子犬みたいについて回り、そこで何を見たのか書く以外することがない。情けないが俺にはそれしかない。

結果、世界がまったく変わらないのだとしても、何をおそれることがあろう。

なぜなら彼らが、今この時にもそこにじっと〝踏みとどまっている〟、あるいは〝退避してひたすら前方をにらんでいる〟、または〝一歩ずつ目的地へにじり寄っている〟からだ。

現在、世界はきつい。

希望は日々少なくなる。

しかしそれでも、いやだからこそ「私たちが今ここにいる」必要がある。

そして俺も『「国境なき医師団」をそれでも見に行く』のだ。

いとうせいこう

森の中に広がる巨大なキャンプに約100万人のロヒンギャ難民が暮らす　©Saikat Mojumder

2017年に乳幼児を連れてミャンマーから避難してきた
レヘナ・ベガムさん。糖尿病を患っている　©Saikat Mojumder

傾斜のきつい土地に仮設のテントが密集するキャンプ内 © Shumpei Tachi/MSF

猛暑の中、生活用水用の井戸改修工事が続いていた © Mohammad Sazzad Hossain/MSF

重度急性栄養失調と診断された我が子を抱くアノアラさん　© Saikat Mojumder

入院中のムスタファ少年につきそう父サイドゥさん。息子の完治は難しいという　© Saikat Mojumder

ロヒンギャ難民による『キャンプ・ライフ』と題された刺繍作品　© Saikat Mojumder

ロヒンギャ文化のメモリー・センターで伝統音楽を奏でてくれた演奏家たち　© Shumpei Tachi/MSF

目次

「国境なき医師団」をそれでも見に行く
戦争とバングラデシュ編

「歴史の傷と向き合うために」

藤原辰史さんに聞く 179

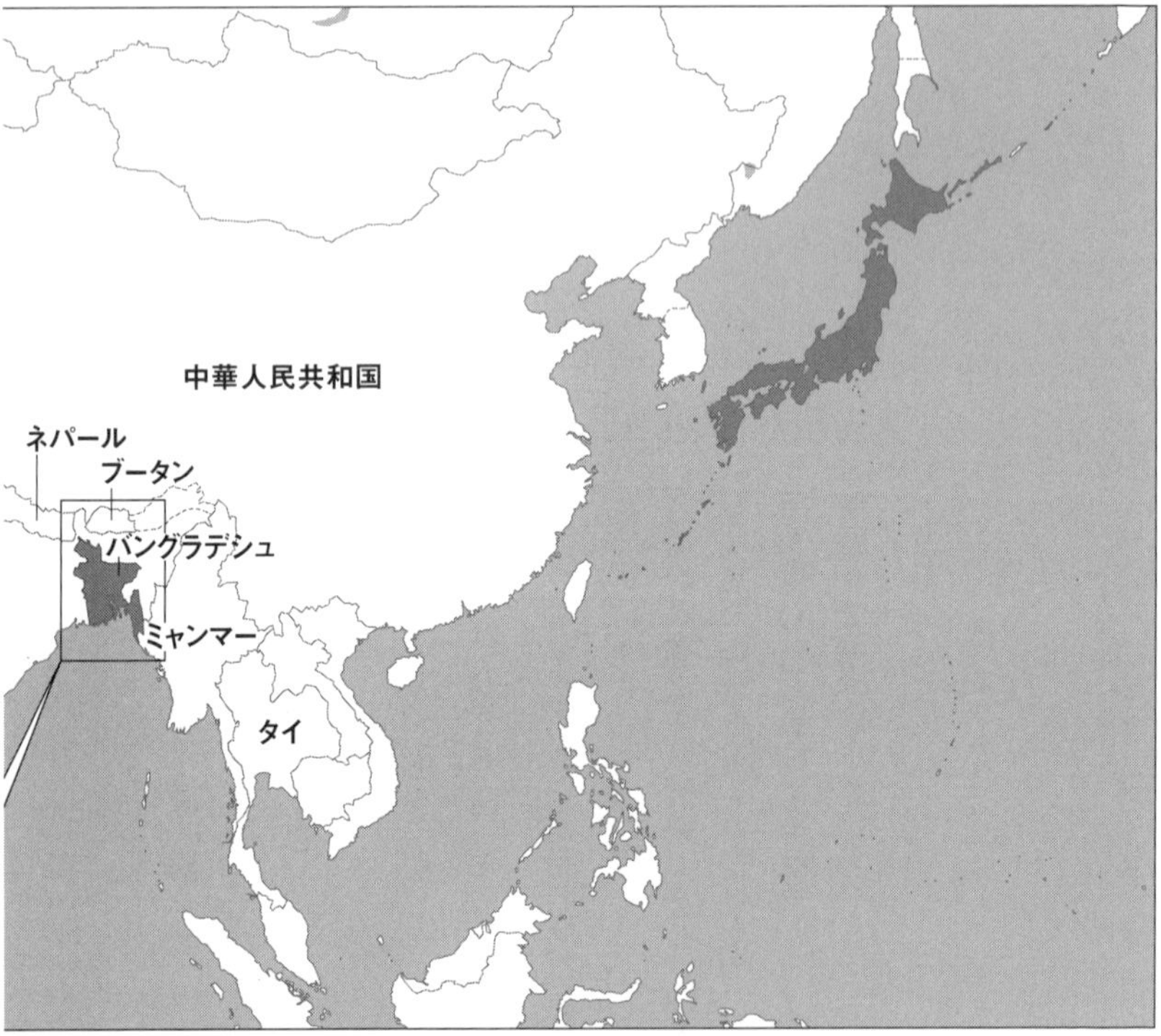

バングラデシュ、
コックスバザールの
ロヒンギャ難民キャンプ

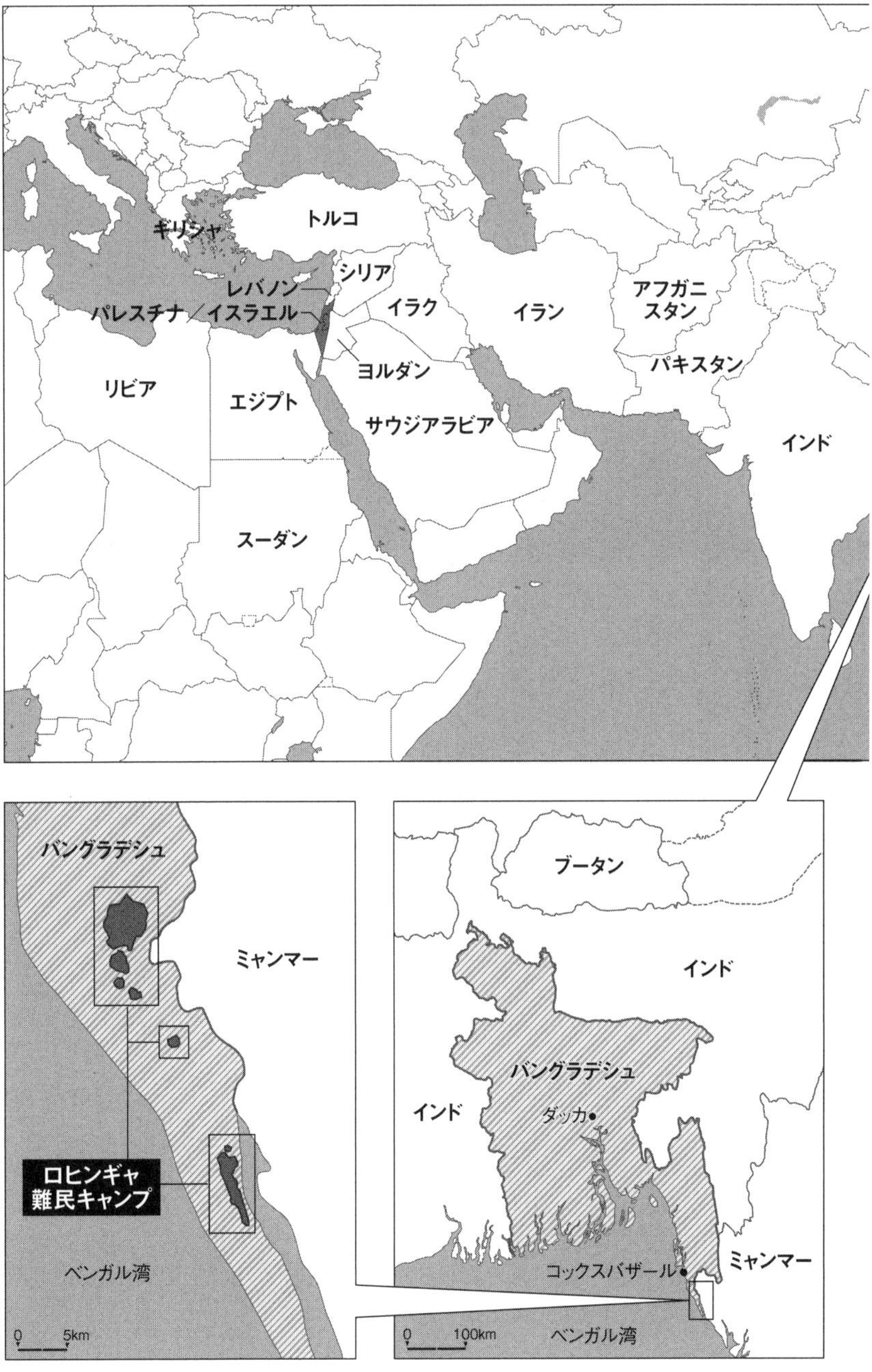

トルコ
ギリシャ
シリア
レバノン
パレスチナ／イスラエル
イラク
イラン
アフガニスタン
ヨルダン
パキスタン
リビア
エジプト
サウジアラビア
インド
スーダン
バングラデシュ
ミャンマー
ロヒンギャ
難民キャンプ
ベンガル湾
0
5km
ブータン
インド
インド
バングラデシュ
ダッカ
ミャンマー
コックスバザール
0
100km
ベンガル湾

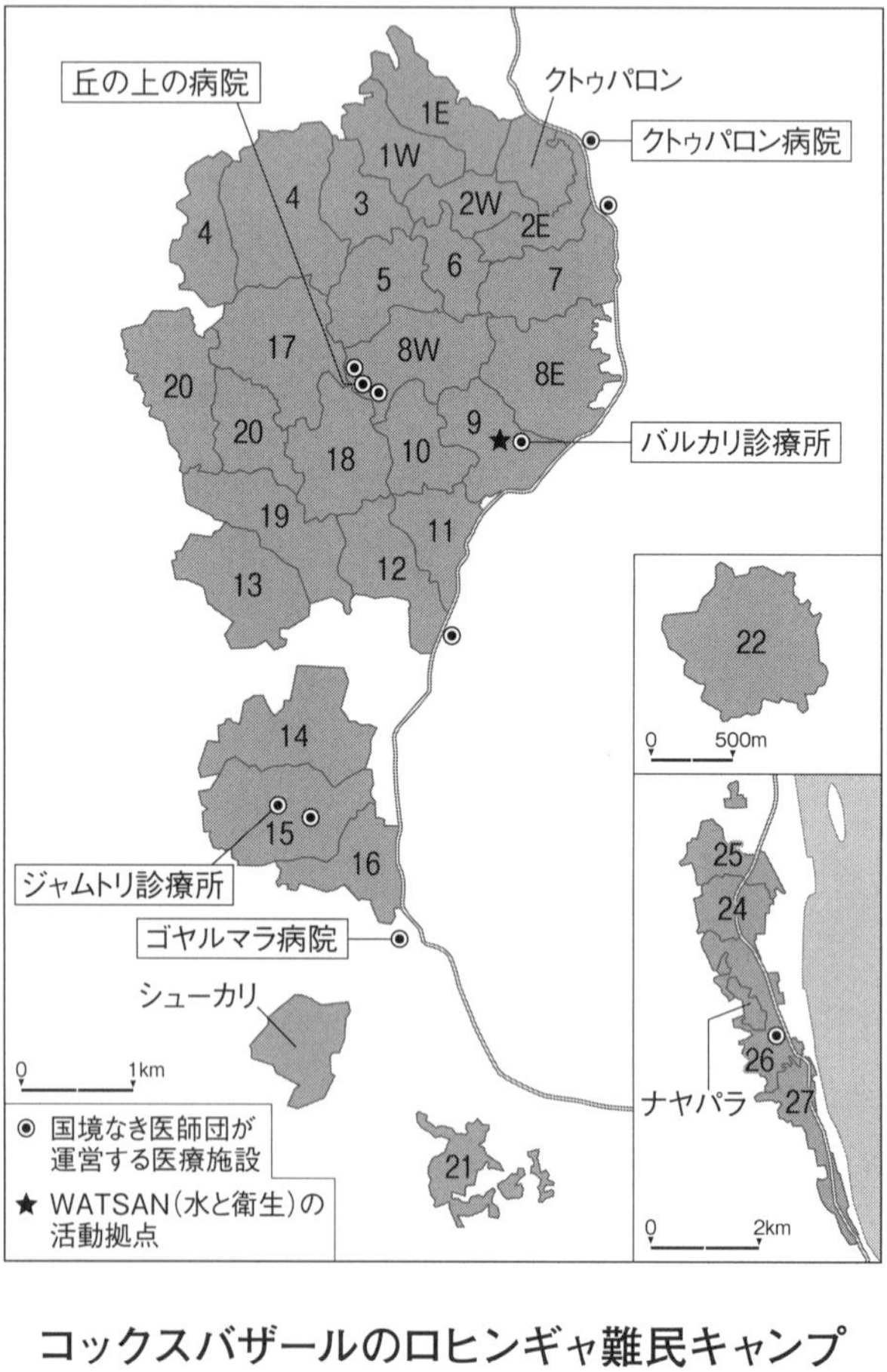

コックスバザールのロヒンギャ難民キャンプ

バングラデシュではイスラム系の少数民族ロヒンギャが、長年にわたるミャンマーでの迫害から逃れ、難民として終わりの見えない避難生活を送っている。国境なき医師団は、約100万人が暮らすコックスバザールの難民キャンプでロヒンギャ難民と地域の人びとにさまざまな専門医療を提供。糖尿病や高血圧などの慢性疾患の治療、外傷患者のケア、女性の健康を守る活動などを展開するほか、水と衛生設備の改善も実施している。

「国境なき医師団」を
それでも見に行く

戦争とバングラデシュ編

写真　Saikat Mojumder
Mohammad Sazzad Hossain/MSF
Shumpei Tachi/MSF
森 清
いとうせいこう

地図製作　アトリエ・プラン

装丁　川名潤

序章 戦争について

これまで八年間をかけて、ハイチ、ギリシャ、フィリピン、ウガンダ、南スーダン、パレスチナ・ガザ地区、ヨルダン川西岸地区、そしてヨルダンにある「国境なき医師団」（略称MSF）の活動地を見てきた。

そしてこれからバングラデシュにあるミャンマーからの難民の受け入れ先、世界一広大なロヒンギャ難民キャンプを取材した記録を読んでいただく。

だがその前に、ガザの状況を俺がひとときでも忘れてしまっているわけがないことを強調しておきたい。当然MSFを通して俺はこれまで会ったことのある人々の安否を尋ね続けている（あの立派な人道主義者アブ・アベド医師が医療活動をしていた情報は映像として届いてきたし、俺たちにひたすらよくしてくれたドライバーのヤセル・ハープとその家族の様子は数度確認してもらっており、ガザ南部ラファに移動はさせられたが、これを書いている今現在は最悪の事態にはなっていないと聞く。ただ、他に言葉を交わした多くの患者に関してはまったくわからない。病院自体がいくつも爆撃されているのだから)。

そもそもMSFの中でも、すでにスタッフ六人が亡くなっているのである。なぜ医療関係者が爆撃で死ななければならないのか。イスラエルに対して俺は当然深く激しい怒りを感じているし、あらゆる機会にそれを外部に発信している(ポエトリーリーディングの形でそれを伝える試みのひとつが以下の『POEM FOR GAZA』https://www.youtube.com/watch?v=YgsbjA3OI4o。これはシンプルな英語によってかの地に、そしてかの地でないどこか遠い場所にメッセージを伝えるための演奏だ)。

さてガザを一方で念頭に置きながら、俺は今回アジアを代表するような難民キャンプの中で困窮している人々と、彼らに援助をしている人々を見てきた(そして、実際ガザ市民とロヒンギャ難民が関係していることがやがてわかる)。しかし、そのレポートへ進む前に以前の書籍『国境なき医師団』シリーズではまだ書くことの出来なかった、戦争に関するいくつかの認識を示しておきたい。

ガザでうごめく「戦争の触手」

まず俺が二〇一九年にガザ取材を終え、一年半ほどした五月のことである。実はガザ市内のMSF診療所そのものと、ほど近いビルがイスラエル軍によって空爆された。そこはMSFのオフィスと宿舎（外国人スタッフの宿舎として一棟借りしており、むろん俺もそこに寝泊まりしていた）の真ん前だった。

二〇二三年十月七日よりずっと前のことだ。

写真で見たが爆撃はきわめて正確だと思われた。空爆は診療所にダメージを与え、周囲で十人の子供を含む四十二人の命を奪った。医療機関を狙い撃ちする。それは支援団体への嫌がらせであり、むろん同時に治療を受けている人、これから受ける可能性のあった人を困窮させる作戦行動だ。

こうした嫌がらせが「戦争の触手」としてうごめいている気持ちの悪さを当時も俺はリアルに感じた。宿舎ビルに実際に寝泊まりしていただけでなく、そこからオフィスまでのほんの五分、道路の上を日々歩いた人間として。そもそも宿舎ビルの屋上には、誤爆を避けるために大きくMSFの名前とロゴマークが塗られていたのだ。

そうした医療施設とその付近のインフラをイスラエル軍は破壊した。

これは彼らの一貫した方針だと思う。戦争と定義しにくいグレーゾーンを続行する、いわゆる「ハイブリッドな戦争」の泥くさい実態。それは長い期間ロシアがウクライナに行っていた戦略でもあるだろう。

診療所の真ん前の道路が陥没すれば、もはや外から来た患者を運び入れることも、医師団のメンバーが出入りすることも出来ない。救急車やバンはMSFにとって、扉の中に入るまで乗車した者の安全を守り、必要な物資の運搬をするための生命線だが、それが一瞬で不可能になった。

ガザで道路を直すのは至難の業だ。

この「敵の医療への道を断つ作戦行動」、つまり兵士への攻撃でない「戦争の触手」のようなものはまさに取材の中で話を聞いた、イスラエル兵に足を撃たれた多くの者たちの体験にも貫かれている。

古い歴史の話ではない。二〇一八年五月、当時のアメリカ大統領トランプが彼らの大使館をあろうことかテルアビブからエルサレムへ移した。聖地エルサレムへ。

当然パレスチナ側は激しく抗議した。すでにその二ヵ月前からガザ地区では「偉大なる帰還のための行進」という、パレスチナ難民の帰還とイスラエルによる封鎖の終結を訴えるデモが始まっていたから、彼らはすぐ次の金曜日、イスラエル側の建てた分離壁の付近で激しい抗議行動に出た。といってもインティファーダと言われる投石、タイヤを燃やすなど、基本は壁を傷つけるための行為に過ぎなかったと聞いている。発砲や爆発物の投擲もあったともいうが、迎え撃っている相手は最新の自動小銃を構えて分離壁の上から狙っている者たちだ。いわゆる非対称性がそこには明らかに存在している。

そして彼らの三百人以上が撃たれた。ガザ中の病院が数日休みなく稼働したことは、書籍（『「国境なき医師団」をもっと見に行く』講談社文庫）にも書いたのでそちらを参照して欲しい。

さてそれから一年七ヵ月、ガザの人々は毎金曜日に屈することなく壁のそばへ行き、抗議の声を上げ、そしてなぜか列を離れたり、帰ろうとしたりした時、主にふくらはぎを撃たれた。背後から。

戦争法はどうなっているのかと疑問を持つが、これは戦争下での行為ではない。したがっていくらでも言い訳はたつのかもしれない。しかも彼らは決して抗議者を殺さない。ゆえに国際ニュースになりにくい。

なりにくいが負傷者と共に病院までついていけば、弾丸は体内に入ると爆裂し、動き回るのがわかる。骨も肉もぐちゃぐちゃに砕ける。書籍にも書いたが、これは国際的に禁じられたダムダム弾の亜流ではないだろうか。人を撃つには残酷な方法である。

殺さずに足を撃つ理由

殺さないことにはもうひとつ重要な意味があると思う。骨も肉も砕けていると、もし丁重な医療と看護があってもそのままでは撃たれた方の足が短くなる。したがって医師たちは創外固定器という、朝顔の行灯《あんどん》造りの外側のようなもので足を覆い、金属のネジを骨に打ち込んで、一定の長さに足を固定して回復を待つ。同時に銃弾によってもたらされた細菌などで感染症が起きないように患者を管理し続けるには、大変な労力が必要になる。

つまり殺されてしまうより、一人一人の足に莫大なコストがかかってくる。医療や看護の人員もさかねばならないし、病院のベッドには限りがある。患者は週ごとに増えていく。

また治療には人道支援団体だけが関わるのではない。ハマスは撃たれた者をまず自分たちの病院で診たがる。が、たとえ彼らに資金援助があってもとても追いつくものではない。そもそもハマスの運営する病院では先のような治療をする技術や体制は十分でない。

自然、国力は下がる。そこが最大の狙いなのだろうと思う。殺すより、足を撃つ。しかも後ろから、弾丸が肉の中を迷走するように。患者の数と銃創を見る限り、それは指示されていると考える以外ない。

衝突とか、紛争とメディアは言うだろう。

だが俺にはこれも「戦争の触手」の生々しいうごめきである。つまり、すでにそれは戦争なのだが、これまでの戦争の定義が追いついていない。抗議行動の鎮圧としか言われないだろうから。戦争の形はいわば分散、逸脱している。ポストモダン化していると言うべきだろうか。

ガザ中部地域の病院で会ったイブラヒム・ハブメディ（当時十三歳）にしてもそうだ。彼はイスラエル側が作った境界線の近くへ行き、そこに落ちていたオモチャをひろった。それが爆弾だった。彼の左手の先は吹っ飛んだ。彼の写真は書籍に掲載された。載せにくい写真だったが、それを見ることの意義を編集部は重大に考えたのだろう。イブラヒムの上目がちの視線の先にいてみて欲しい。

わざわざそうした意地の悪い、趣味の悪い攻撃をするのもそれがすでに戦争へと直接つながっている触手だからだ。数年後兵士になり得る者の戦闘能力をあらかじめ奪ってしまい、彼らに心理的な敗北をたたき込む。

「時差のあるミクロ化された戦争」。そしてこれは地雷でもない。ゆえに国際的な訴えが追いつかない。

これは戦争の寸止めである。たいして長い年月を経ずとも、嫌らしい方法を厭わない方が有利になる。

イスラエルが続ける「引っ越し」

同じようなことがガザ以外にヨルダン川西岸でも起き続けていた。今、ガザでの大量殺戮があるから報道も増えてきたが、イスラエル側はこれまでに公務員を占領地パレスチナ内部に「引っ越し」させるなどユダヤ人の入植を続けてきたのだ（ちなみに、日本外務省は二〇二四年七月三日、外務報道官談話として、ようやくこれに類する入植活動に「懸念」と「遺憾の意」を示した）。

彼らは銃器を持って引っ越してくる。そして住み着いた先で「臭い」とか「うるさい」とか「危険だ」と苦情を訴える。イスラエル側は警察などを派遣し、いざこざを収めるような顔で古くから住んでいたパレスチナ人の追い出しにかかる。

こうして公務員によるモザイク的な占領が進んでいる。これは「引っ越し」であって「戦争」ではないとイスラエル側は主張するだろう。だが、十年もすればそれなりに広い地域がパレスチナの自治権を離れてしまう。微細化された「引っ越し」によって占領が完成するとは、なんという「終わりなき日常」の結果なのか。それは「終わらせるべき非日常」なのではないか。

以前の書籍にも書いたが、ガザの北側の検問所付近にかわいらしい風船状の白いものが浮いているのを俺は見た。戦場カメラマンの横田徹さんによれば、それは俺の感じたようなポストモダンアートのかわいいバルーンなどではなく、敵のドローンを広い範囲で監視する、いわばパノプティコンそのものなのだった。それが堅牢な建造物でなく、あくまでも一見キュートなバルーンであることに俺は余計に吐き気にも似た薄気味悪さを覚えた。

バルーンが監視を怠らずに検問所近くに浮くほど、ドローンはいまや戦争の主軸なのではないかと俺は思ったし、少なくともF22戦闘機とかF35戦闘機はもう戦争の花形ではないんじゃないか、とさえ当時SNSにもちらりと書いた。すると戦争オタク的な人々からお前は何もわかっていない的なことを言われた、と記憶する。

ガザで俺が肌で感じた「戦争」は安めなドローンを大量に放ち、それがどっかで当たればラッキーという「確率論的」なものであった。例えば日本を攻めるなら、その大量のドローンのひとつが、数多い原発のどれかに当たるだけで核攻撃に等しくなる。もし当たれば、というところがいかにも無責任だが、むろんドローンの精度は日に日に上がっており、にもかかわらず「何も狙っていませんよ」と言いかねない状況がかつての戦争とはもう大きく違うという感触があった。戦争の責任論が古びてしまったという実感であった。

あとで別の機会に横田さんに会い、この話をしてみるとなんということもなく肯定されて、かえって拍子抜けなほどだった。

「そりゃそうですよ。Ｆ22やらＦ35が敵国上空に入って、たまたまでも対空砲で撃たれたらどうします。大損失ですよ」

「ああ、戦闘機、高いですもんね」

そう答えると、横田さんはわかってねぇなという笑顔で言った。

「いや操縦士が死ぬのが大損失なんですよ。せっかく育てたコストが無駄になるでしょ。それならドローンの方がいいということになる」

横田さんがポストモダニストだとは思えないから、モダンな立場からも戦争のソロバン勘定は変化していることになる。

国家が機能を失った場所で

さてもうひとつだけ、「国境なき医師団」取材を通して強烈に世界の認識が変わったことがある。

場所がウガンダだったか南スーダンだったかを今は思い出せないのだが、ＭＳＦのバンに乗ってどこかの病院を見に行き、帰ってきた折のことだ。

検問所に止まったバンを国連ＰＫＯがチェックした。自動小銃を持った一人が運転手の持っている通行許可証を確かめる間、鏡を先に付けた棒を車の下に差し入れて危険物の有無をチェックする者がいた。それは日々のルーティンだったからなんということもない。

だが通行を許されて動き出したバンの前、狭い道の向こうに、左右に矢印を手書きした標識があるのに気づいた。

右へ行けばＵＮ（国連）だった。

左へ行けばHumanitarian Base、つまり人道主義者の基地と書いてあった。

その日の朝も見たはずの標識に、突然俺は深い衝撃を覚えた。

なぜか。

事実、左に行けばセーブ・ザ・チルドレンが駐在していた。プラン・インターナショナルもあったろうか。他にも様々な人道支援団体があり、ちなみに最も奥にはＭＳＦのオフィス（基本はプレハブ）があった。

思えば、この人道支援団体らは国連の下にあるユニセフやＵＮＨＣＲ（国連難民高等弁務官事務所）と共に、あらゆる国のあらゆる僻地にいた。

少なくとも俺が見てきた限り、どれほど疲弊し、破壊され、人々が隠れて見えにくい場所にも彼らは車を走らせていたし、にわか造りの拠点を持っていた。

したがって現地の車に交じってしょっちゅうUNの車両を見たし、川を遡ればまさかと思うくらい上流の岸近くにWFP（世界食糧計画）の旗がひっそりはためいていた。

我々のほとんどは「世界はすべて国家によって分割されている」と考えている。隙間なく国家が地球を占有している、と。そこから逃れることが不可能で、自由などない、と。

ところがもはや国家の機能を失ったり、失いかけたりしている紛争地、災害地、戦争のあとの土地には国家の力などまるで及んではいない。

だから俺がアフリカの民族紛争地で突然理解した真実はこうだ。

「世界は国家と、国連と、人道支援団体によってなんとかモザイク状に成り立っている」

そして国家が調子に乗り、国連と人道支援団体の意思を無視して戦争をする。あるいは戦争をしていないふりで、とぎれることなく「戦争の触手」を動かし続けているのだ。

となれば自分の立つべき場所ははっきりわかる。

人道支援団体の至近だ。

第1章　ロヒンギャ難民キャンプへ

コックスバザール空港到着

二〇二四年六月二十一日。

世界難民の日の翌日。

深夜の羽田を発ち、バンコクで、またダッカでとトランジットごとに数時間待って、一日がかりで翌二十二日、コックスバザール空港へ着いた。取材前に対象をあまり調べない俺でも、そこがバングラデシュであることはわかっていた。くわしく言えば、その南東部だ。

なにしろ俺は飛行機に乗ったら映画も見ずにひたすらぼんやりと飛行機の位置を示す地図を眺め続ける習慣がある。だからいやでも行き先の周囲を脳裏に刻むことになる。

空港から東には川が流れていて、下流へ行くとやがてそれを境に土地は小さな半島のように切り離される。川の東はミャンマーのラカイン州、半島の西は巨大なベンガル湾。ちなみに、バングラデシュへは近年直行便も出ているが、「国境なき医師団」（略称MSF）は使っていい航空会社を安全面、経営の信頼度などで厳しく査定しており、そのリスト通りに選択すると二十五時間コースを受け入れねばならないのだった。

そうやって往路だけでへとへとになった俺とMSF広報の舘さんは、コックスバザールという、いかにもかつて英国の領土だったことを示すような名の空港になんとか着いた。いまだ過去の植民地フレーバーの中にある空港名は黄金色のネオンで示されており、それが暗い空に輝く様子はドラクエの中のカジノを思わせた。

再び言うと、俺はミャンマーから逃れた少数民族ロヒンギャの難民キャンプを訪れ、そこで見たMSFの活動を報告する。ずいぶん前から、俺はこのミャンマー西部、ラカイン州に住んでいるロヒンギャのことを取材したかったのだが、数年前にミャンマー側の国内避難民キャンプについてMSF日本が取材許可を取ろうとしてくれたときには、何度も接触したあとで「一人だけなら許す」と返事が来た。

……え、一人？　俺だけ？　いきなり俺一人が見知らぬ国内避難民キャンプを訪れるのか？　方向音痴だし言語貧弱な俺がたった一人で？　MSFメンバーでもないのに？

つまりそれは断られたも同然であった。

当時他のメディアに対してもミャンマーはあまり協力的ではなかった。言ってしまえば、彼らはロヒンギャの様子を見せたがっていなかった。様々な情報を突き合わせると、強制収容所に近かったからではないかと思う。

ミャンマーの弾圧を逃れて

二〇一七年、ミャンマー・ラカイン州の中で、武装勢力「アラカン・ロヒンギャ救世軍」（ARSA）が警察施設を一斉に複数箇所、農民を率いて襲撃し（武器は少ない銃器と、ナタなどの農具、そして先を尖らせた竹の棒だった）、それに対して国軍は掃討作戦の名のもとにロヒンギャの集落を多数焼き払い、住民を無差別に殺害したとされる。

被害者の数は、国連調査で「少なくとも一万人」、MSFの〝かつての村の様子を語ってもらうことで残っていない者の数を把握する〟調査（回顧的死亡数調査）では「最初の一ヵ月間で最低六千七百人」、他にもオーストラリアの大学調べで「(国軍が）二万四千八百人を殺害」との数字が出ているが、ミャンマー政府が積極的に協力しないこともあり、なかなか結果が一致しない。

だが少なくとも国軍の攻撃で亡くなった子供や高齢者、レイプされた女性が数多くいることは、自らの故郷を捨てて逃げてきたロヒンギャたちの証言でわかっている。たとえアウン・サン・スー・チーがこれを無視しても。

その前から弾圧を受けて国を捨てた者は多くいたが、ＡＲＳＡの襲撃があった二〇一七年はロヒンギャ難民の流出のピークで、なんと一気に約七十万人。それ以前のミャンマー国内政治によって難民化していた者、以後に川を渡った者たちの数を加えれば、現在百万人近くのロヒンギャ難民がバングラデシュに暮らしていることになる。

百万人！

現在コックスバザール県にある難民キャンプ（キャンプ８とかキャンプ２Ｅなどと全部で三十三に分けられており、ほとんどはまとまって存在している）の面積は世田谷区の半分以下の約二十四平方キロメートル。その全体を鉄条網で囲まれた区域に、世田谷区の人口とほぼ同じ数の難民がいる。ぎゅうぎゅう詰めだ。

もともと彼らロヒンギャは長く差別され続け、東南アジアから南アジアを中心に民族離散を余儀なくされてきた。例えば、そのうちの三百人ほどは日本の群馬県館林にも住んでいる。つまりアジアにおいて、彼らはかつてのユダヤ人のごとくディアスポラの状態にある。なぜならもともと暮らしていたミャンマーでも、彼らにはいまだに国籍が与えられていないからだ。

一九八二年にミャンマーでは国籍法が改正され、つまりミャンマー政府が自国民を再定義した。その折にたくさんの少数民族が国民化したのだが、そこでもロヒンギャは除外され、移動、就労、結婚、医療に制限が加えられた。国家形成から外されたわけである。

また約七十万人が避難した二〇一七年ならずとも、国籍法が改正される前に行われた国籍審査という名の厳しい取り締まりに耐えられず、例えば一九七八年には二十万人がバングラデシュへ移動。他にも、一九九一〜一九九二年には前の政権が倒れたあとでやはり軍事政権が立ち、その弾圧を避けて二十七万人が隣国へ逃げている（ちなみに、一九九二年からMSFは現地で活動を開始した）。

世界最大の〝被差別集落〟

あまりの人数の凄まじさに感覚が麻痺してしまうが、とんでもない民族大移動を何度にも分けてせざるを得なかったのが、このロヒンギャなのであり、我々日本に暮らす者はむろん俺を含めて、この事態の重大さにあまり敏感ではない。

しかし、そこは世界最大の〝被差別集落〟と言っていいのだ。

恥ずかしながら、なにしろ俺は二〇〇七年の民主活動家、僧侶による大規模デモでようやくビルマ（本当は彼ら同様にこの国名を使いたいから、ここでだけそう呼ぶ。ミャンマーは軍事政権による呼称だから。がしかし、それではルポとして伝わりにくいので以後はまたミャンマーと書く）の問題を知り、DJを含む協力者との音楽活動の中で何度も公開で『ミャンマー軍事政権に抗議するポエトリーリーディング』を行い、観客にダンスのチャンスと、状況把握の機会をセッティングしてきた。

例えば高木完とDJ BAKU、DUB MASTER Xに声をかけて代々木公園で行ったセッションなどがいまだにYouTubeに残っているし（https://www.youtube.com/watch?v=9-Hj-GwkH2I）、アンダーカバーのジョニオ（高橋盾）から数十年ぶりに連絡をもらって抗議Tシャツを作ってもらい、それを『通販生活』でも販売したどころか（パリコレブランドと『通販生活』が共同でひとつの商品をチャリティ付きで売るのは画期的過ぎた）、なんとその流れで故ジェーン・バーキンにも着てもらって対談したりもした。

カルチャー上の小さな自慢をしたいのではない。問題はその時ある種の緊張とともに出会った何人かの在日ミャンマー人との会話である。当時の我々の最大の目的は軟禁中のアウン・サン・スー・チーを解放することであった。おそらく活動家であるはずの在日ミャンマー人たちは名乗らずにいつでも気配を消して近づいてくれて、例えばある年末になど

「スー・チーに送るからクリスマスのビデオメッセージをくれ」と小型ビデオカメラをかまえた。

「いや、軟禁中じゃ届かないでしょう」

周囲に目を配りながら思わずそう言う俺に、ミャンマー人男性は答えた。

「なぜそう思います？」

「厳しく監視されているからです」

すると彼はふふっと笑って言った。

「監視されていようがいまいが、そうしたいと思うことがあれば、方法はいくらでもあると思いませんか？」

この時、俺は言葉を失い、同時に自分を恥じた。「軟禁」とはいわば抑圧者側の表現、ないし彼らの行動であって、それに反抗する者はあらゆる抜け穴を探すに決まっているのだ。俺はマスメディアのイメージ作りのいいカモであった。自分の頭で可能性を消していたのだから。「そうしたいと思うことがあれば」風穴だらけだとも思わずに。

あれは本当にいまだに忘れられない体験だ。

それはともかく、当時俺はミャンマーで政府に対抗する学生たちや僧侶の側に立ちたいと願っていた。今でもそれはそう思う。だがその一方でかの仏教国で弾圧されているムスリムのロヒンギャ人、教育の機会が制限されているロヒンギャ人、やがて解放されて国の顧問にもなったスー・チーにさえ無視されるロヒンギャ人がいたことを知らなかった。当時の俺の抗議は薄っぺらなものだったと感じる。

ゆえにのちにまた代々木公園内で行うこととなったパフォーマンスでは、読み上げる詩の中で、そのアウン・サン・スー・チーへの疑義も盛り込んだ。だが、それは上っ面の言葉の変化に過ぎなかった。

今も生きる「戦争の亡霊」

それはともかくとして、今回だ。

バングラデシュのビザと難民キャンプへの入境許可を取得し、コックスバザールへたどり着いた。そして数多いキャンプの集合場所の近くまでMSFのバンで移動する前に、MSFバングラデシュISTのオフィスで打ち合わせを行った。MSFのプロジェクトは通常、欧州に拠点を持つ指揮系統によって分けられ、オペレーションセンター・パリ（OCP）、オペレーションセンター・アムステルダム（OCA）、オペレーションセンター・ブリュッセル（OCB）、オペレーションセンター・ジュネーヴ（OCG）、オペレーションセンター・バルセロナ（ＯＣＢＡ）の五つの事務局（実は近年、コートジボワールを拠点にした六つ目の事務局ＷａＣＡも誕生した）がそれぞれ活動するが、時にそれが有機的に結びあう必要が出てくる場合、インター・セクショナル・チームという統合部署がまれに立ち上がる。それがＩＳＴだ。

したがってＩＳＴの協力を得た我々は、各オペレーションセンターの柔軟な引き継ぎによって、基本的にはそれぞれの医療施設を矢継ぎ早に見て回ることになった。

以後は、ＭＳＦによるロヒンギャの待遇をめぐる工夫、水の衛生状態を保つための実際のアウトリーチ、キャンプ全体に九つの病院を持つ中でどんな医療が行われているのか、たまたま二人の日本人スタッフがいたために可能になったインタビュー、そして何より差別され続けるロヒンギャ難民本人たちからの訴え。さらに、実は複数の反政府勢力が潜んでいるとされる難民キャンプに、どのような治安があり得るのかなど、さまざまな視点からレポートをお送りしたい。

そうする中で、そこがまるでガザのような封鎖地域であること、他地域の紛争の影響で食糧配給がままならなくなっていること、まったく日本の戦後そのもののような闇マーケットの様子、夜になるとナイフや銃器が取り出されてくる別世界になってしまうこと、背後に麻薬の問題が横たわっていることなどなど、実際に俺が見て聞いてきたことをつぶさに伝えたいと思う。

むろんその前に「ロヒンギャ難民」を一度でも検索してみて欲しい。

ウクライナ、ガザに隠れて、そこにも日々の暮らしのきわめて困難な区域があり、特に彼らロヒンギャを追い出してきたミャンマーには、俺たち日本から大量の資金が流れ込んでいることがわかるだろうから。日本はミャンマーの人々に対し積極的に人道援助を行っている国のひとつだ。

そもそもミャンマーと日本には第二次世界大戦の折から深い関係があり、隣国バングラデシュ方面はイギリス軍が植民地化していたから特に対立関係が複雑に存在していた。その歴史を俺たちはいまだに清算出来ずにいるのかもしれない。ゆえにこそミャンマー軍事政権への、アメリカを中心とする国々が行ったような経済制裁を、我々日本は厳しく行えなかったと言えるのではないか。問題は暗く根深い。

「戦争の亡霊」がそこにはまだしっかり生きているように感じる。

おっと、取材報告に入る前に、ついついまた別の問題に触れてしまった。それは以後、様々な事実、数々のインタビューによってこそ語られ、再び帰ってこなくてはならない。

第2章 武装したギャングスタの暗躍

「A FREE PALESTINE」の貼り紙

六月二十三日。ベンガル湾に面したビーチに近いコックスバザールの、いかにも地元のリゾート地というような小さなレストラン街の中の「国境なき医師団」(略称MSF)宿舎で一泊すると(もちろんシャワーは水。各活動地でお湯が出たことの方が少ない)、夜のうちに近所のスーパーで買っておいたシリアルを、朝になって牛乳にひたして食べ、ドライバーが運転してくれるバンでISTのオフィスへ行った。

五分もせずに着いて、雑居ビルの五階まで行くと窓からの眺めは素晴らしく、これは国内便から見た地上、あるいはダッカ空港の付近の道路から見る景色でも痛感したのだが、バングラデシュは実に緑の濃い、あちこちに森のある国なのだった。

すでに我々にぴったりついてくれているのは、バングラデシュ人のサザード・フセインで、彼はＩＳＴ所属の広報担当者であった。丸メガネでしょっちゅう笑っている愛想のいい男子で、ちょっとバングラデシュ訛りの英語を流暢に操る。彼も含めた我々三人は午前九時からＭＳＦバングラデシュ副代表のカナダ人、アントニー・キャズウェル・ロペスから全体ブリーフィングを受けることになっていた。

それまではサザードのオフィスであるコミュニケーションズ（広報）部の部屋で待った。俺がデイパックを置いたデスクの後ろの壁には誰のものともわからないが、「A FREE PALESTINE IN THIS LIFE-TIME」という手書き文字が印刷されたA４くらいのコピー用紙が無造作に貼ってあった。一体どれだけ長い間、自由を待っているのか。「IN THIS LIFE-TIME」は切実な言葉であった。

約束の時間になると、同じフロアのほぼ隣室に呼ばれた。小さな部屋だった。アントニーは簡素なデスクの前の椅子に座っていて、すぐに立ってにこやかに自己紹介した。俺も握手して名前を言った。アントニーは背は小さめだがエネルギッシュなムードを持っていて、ほぼ銀髪のくせ毛に丸メガネで、俺が中学高校の時に好きだった名優リチャード・ドレイファスを思わせた。

「さて」

壁に貼られた「A FREE PALESTINE IN THIS LIFE-TIME」のビラ　©著者

MSFバングラデシュ副代表アントニーと著者　© Shumpei Tachi/MSF

互いの挨拶が終わると、アントニーは難民キャンプ全体の地図が描かれたボードを出し、こちらの顔をのぞき込んで言った。

「早速、僕からの説明を始めよう。メガキャンプについてだ」

そこからは立て板に水だった。あまりの広大さに「メガキャンプ」と呼ばれている場所の今現在の状態と、我々が取材にあたって気をつけるべきことが中心になっていた。

「まずバングラデシュ側はＲＲＲＣ（難民救援帰還委員会）という組織で全キャンプの管理にあたっている。強権型の政府だが、百万人のロヒンギャを受け入れていることは評価すべきことだ」

そしてアントニーは色分けされたキャンプのすべてをぐるりと指して言った。

「さらにその下位団体として、政府は三十三に分かれた各キャンプの担当ＣｉＣ（現場責任者）を置いている。いいね？」

ＭＳＦ側の組織図ではなく、なぜバングラデシュ側のそれを初めに説明したのか。疑問に思ったが、理由はすぐに明かされた。

「バングラデシュ政府は彼らロヒンギャを、難民というより一時的にそこにいる『避難民』としてとらえ、あくまで帰還を前提としている。そうでないとミャンマーとの関係が面倒になるからだ。これは君たちが取材内容を発表する時に気をつけるべき重要なポイントだね」

バングラデシュはとんでもない数の難民の流入に対して、途方もない広さの森のような土地を用意し（最初は象がいたらしい）、整備し、なおかつ外交的にも難しい駆け引きをこなしているのだった。

「彼らバングラデシュの政府は世界での評判を気にしている、とも言えるだろう」

アントニーは冷静に状況を教えてくれた。

その時、俺が頭に浮かべていたのは一九七一年にジョージ・ハリスンとその師ラヴィ・シャンカールが主催したロック界初の大規模チャリティライブ『バングラデシュ・コンサート』だった。バングラデシュの独立戦争により、当時東パキスタンであった場所から大量の難民がインドへ渡った。その窮境から彼らを救済しようとしたアーティストたちがNYマディソン・スクエア・ガーデンでどでかいコンサートを開いた。しかも一日二公演で。

勝手な憶測だが、バングラデシュには難民と化した同胞を救われた記憶がいまだどこかにあるのではないか。いやもうただの音楽好きの甘い妄想なので大変申し訳ないのだが、そうでもなければバングラデシュの利他的な行為の謎が解けない気がする。

とそれはともかく、次の情報が問題だった。

キャンプ内で拉致されるロヒンギャ

「そしてもうひとつ、MSFが察知したところによれば二ヵ月前、つまり四月中旬、キャンプ内が緊張し始めた。この二週間は落ち着いているようだが、ミャンマーの軍事政権と戦っている各少数民族武装組織のうち、アラカン軍（AA）がキャンプの人間を連れ去っているらしい。MSFのスタッフにも勧誘された者がいるそうだ」

少数民族の武装勢力がミャンマー国軍に対して優勢に転じた区域があることは、日本のニュースで見ていた。だが、そうした戦闘において兵士を増強しようとする者が、難民キャンプからロヒンギャを拉致し、戦いに参加させているとは知らなかった。

しかもそれは今に始まったことではないらしい。武装勢力の人間は夜になると人家を襲い、兵器で脅迫し、自分たちと共に戦ってミャンマー政府を倒せば、国籍が得られるなどと誘っては、難民の思想や宗教に関わりなく連行してしまうという。少なくともこの二ヵ月で千人がいなくなっているのだそうだ。

差別と迫害をうけて難民キャンプに逃れた者たちが、戦闘のための兵力に使われているのだ。

「それが本当に確かなことか、我々は慎重に見極め、十分に気をつけて対応する必要がある。もしキャンプから武装勢力の兵士が出ていれば、当然きわめてセンシティブな問題になるからだ」

そう、そのことにピリつくのはミャンマー、バングラデシュ両政府であり、せっかく安定の兆しを見せてきた難民キャンプに悪影響が出ることは容易に予想される。

「ただ目的はなんであれ、ロヒンギャを外部へリクルートする者がキャンプ内にいることは確認されている。例えば一九八〇年代から活動しているロヒンギャの抑圧からの解放を訴える組織ＲＳＯ（ロヒンギャ連帯機構）はキャンプにオフィスもある。そして現在は政治活動家というより、武装したギャングスタのようになっている者もいるんだ」

武装勢力による活動のみならず、ギャングスタ、つまりヤクザ的な組織が横行している話は、実は他からも聞いていた。国家が弱くなると彼らはがぜん存在感を増す。

序章で「世界は国家、国連、人道支援団体で出来ている」と書いたが、実はその隙間に数々のヤクザ組織が生まれては消えていることは書いておかねばならない。

例えば俺が初めてＭＳＦ活動地として取材したハイチは、当時大統領選があり、大地震から立ち直って新しく出発するはずだった。が、なんと現地のギャング同士が市民を巻き込む形で激しく対立し始め、それを軍も抑えられずに今、無政府状態におちいっている。

銃創を負ってMSFの管理する病院に来る者もあとをたたないと聞く。

ハイチのような目立ったギャングスタではないが、こうしてロヒンギャ難民キャンプを巡る問題はきわめて複雑化しており、それをあらいざらい書くことは彼ら難民のステイタスを危ういものにする可能性も……。

「だが、そうしたことを、君たちは書いてかまわない」

アントニーは素早く言った。あたかもこちらの逡巡を読むように。

あとで個人的キャリアについてインタビューもするが、そもそもアントニーはアドボカシーとしてMSFに参加した年月が長く、つまり「政策提言」や「世界への証言」が仕事の主眼だった。

したがって弱き者が立場をより弱くするようなレポートでなければ、事実を外に知らせることをためらってはならないと考えているのかもしれなかった。

アントニーは一拍置いて続けた。

「むろん確認は絶対に必要だ。きちんと調べて書いてくれ。特に弱い立場の女性たちが、食べるものの入手に苦労し、医療を受けたくても治安の悪化でそれが難しくなっている現状を伝えるべきだ」

頼れる上司とはこのことか、と俺は背筋が伸びる思いがした。アントニーはそんな俺の畏敬の念にかまわず、休む間もなく他の問題について話した。

戦争が遠い国に与える影響

「国連に入るロヒンギャ難民支援金は、欧米や日本からの拠出金が非常に大きいのだが、昨年は資金不足が続いた。その影響で国連ＷＦＰの予算も大幅に削減され、難民一人あたりの毎月の食糧配給額は一時、十二米ドルから八米ドルまで削減されてしまった」

「月に八米ドル……」

「これには気候変動や物価高騰などさまざまな理由がある。しかし、特にウクライナやガザといった遠いところで起きる戦争、大量殺戮が、世界を行き来する人道支援資金の行き先を簡単に変えるんだ。そして、食糧欠乏国を支援する代表的な機関がそのバランスを変更せざるを得なくなる」

のちのち俺たちもキャンプ取材の中で、自分たちの目ではっきりと見ることになるが、その影響は、栄養失調の子供を増やし、食糧を得るための児童婚や人身売買、武装組織への参加につながりかねない。数字だけでとらえていると実感に到らない苦難の実際が、その姿を露骨にあらわす。

アントニーはシリアスな表情を変えずに、最後にこう付け加えた。

「それから最後に、キャンプの脅威として忘れてはならない自然災害の問題だ。先週もモンスーンが来たおかげでキャンプ内のあちこちに地崩れが起きた。十分に気をつけてほしい」

それは日本を発つ二日ほど前に舘さんからＬＩＮＥが来て知っていた。ゆえにあわてて大きめのカッパ、それから何年も履いていない膝丈の雨天用ブーツを俺は自分の荷物の中に突っ込んでいた。それを誇らしげに伝えると、アントニーは両手を広げてうなずき、それからこう言った。

「何か質問は？」

だが、もはやこちらは頭の中で情報を整理するので手いっぱいだった。人災に天災、ロヒンギャ難民キャンプはさすがにそうとう手ごわそうな場所なのだった。

ヒューマニタリアンの個人史

午前のうちに、俺たちは早速ＭＳＦの綿のベストを着、サザードに案内してもらってバンでＲＲＲＣへ行った。立派な官舎の二階、廊下の両側にまるでカフカの『審判』のようにずらりと同じドアが並んでいた。

そのドアのひとつが我々の難民キャンプへの立ち入りを正式に許可してくれる場所で、中に入って台帳に名前など書くとあっけない早さで申請は受理された。手続きは一瞬で終わったが、それは周到な準備があったからで、本来こうした許可は簡単に下りるものでもないらしいということだった。

再びISTの自分たちにあてがわれた部屋に戻り、そこから同じビルのいくつかのOCAの部署に挨拶に行った。今回の取材はOCBA、OCGを除く、バングラデシュで活動するすべてのMSFのオペレーションセンターに協力をあおいでいたからだ。みな気持ちよく親切に我々を受け入れてくれた。海外スタッフは少なく、多くのバングラデシュのスタッフが働いていた。

午後一時半、アントニーにまた呼ばれた。

午前のブリーフィングを聞いてどうしても彼の個人的なキャリアを取材したくなり、申し込んでいたのだった。こころよく彼は引き受けてくれたわけだ。

ごく短くまとめるが、メキシコ系カナダ人の彼は、大学で社会人類学を専攻し、人権に興味を持った。父はエンジニアだったが彼自身は大学で学んだことを実社会に活かしたいと考え、メキシコ政府の産業振興などの仕事を経て、セーブ・ザ・チルドレンのアドボカシーとして長く務めたのだという。

ヒューマニタリアン（人道主義者）になったのはいつかと聞くと、ドラマチックなことは何もないとアントニーは答えた。

「ヒューマニタリアンの世界はシンプルだ。やるかやらないかだよ。僕の場合は二〇〇七年にメキシコのタバスコ州で起きた大洪水がきっかけだった。上司にロジスティック（物流）のボランティアで行く気があるかと聞かれた。自信はなかったけどイエスと答えたら、出発が三時間後だった。だけど、僕はただ行っただけだよ。ドラマチックな心境の変化なんかない」

十分にドラマチックだと思ったが、アントニーはにこりともしなかった。

「もともと子供の頃から難民が身近にいた。カナダでは彼らのような人たちが学校にたくさん入ってくる。ユーゴ紛争でもエチオピアの飢饉でも、カンボジアからも来ていたな。でも意識したことなんてなかった。彼らが難民だなんて考えていなかったよ」

最も「クソな仕事」を気にせずやる

とにかく、アントニーはメキシコの大洪水の仕事によって人道援助に開眼した。セーブ・ザ・チルドレンでアドボカシーをまかされ、おもに子供たちの保護に関する政策の提言と啓発活動をし、それを世界にどう根付かせるかを考えた。

だが二〇一六年に退職、三ヵ月の放浪の旅にでた。その途上、様々な人に「人道支援団体のうち、どこで働くべきか」と聞いて回ったそうだ。

「で、みんなの答えはＩＣＲＣ（赤十字国際委員会）とＭＳＦだったんだ」

アントニーはにやりとしながら話し、「なぜなら最も『クソな仕事』でも気にせずやるから」、と言い終えてクスクス笑った。舘さんもサザードも吹き出した。

ちなみにＭＳＦでの活動地をあれこれ尋ねてみると、俺が取材で行っていた時期の南スーダンの首都ジュバにもいたことがわかった。休日に各部署の人間が宿舎の屋上へ集まり、パーティをした記憶があると伝えると（休日にしっかりリラックスすることはほとんど彼らの義務になっている）、アントニーもそこにいた可能性が出てきた。

彼は愉快そうに、その偶然を受け入れて笑った。

「そういうのがＭＳＦなんだ！」

それで彼もすっかり俺を信頼してくれたと感じた。

こうして我々はアントニーをこのプロジェクトのトップとし、ＭＳＦ日本広報の舘さん、ＭＳＦバングラデシュＩＳＴ広報のサザード、そして俺の三人でついにその日の夕方、ロヒンギャ難民キャンプの北端に最も近い宿舎へと移動した。

……が、まだキャンプには入らない。

なにしろ午後五時には早くも彼らを取り囲む柵のすべてが閉まってしまうため、部外者で中にいられるのは人道支援団体が運営する病院の夜勤担当者だけだからだ。じらして申し訳ない。

ＭＳＦの活動地に入る者は必ず現地の全体状況についてブリーフィングを受け、そののち宿舎で周囲のセキュリティに関するブリーフィングを受けなければならない。

つまり丁寧なことに、これからまだもうひとつブリーフィングがあるのだ。

キャンプの様子を書くのは周囲の安全を十二分に確認したあとになる。

そのかわり、『バナナハウス』というニックネームの宿舎へ向かうＭＳＦのバンに同乗した女性の、きわめて興味深い日本文学の話から次回は始めよう。

第3章　世界のマイナスが詰まったキャンプ

日本文学好きのデンマーク人スタッフ

六月二十三日、十六時。

我々は「国境なき医師団」（略称ＭＳＦ）バングラデシュの副代表・アントニーから個人的な話まで聞いたあと、大きめの白いバンに乗ってウキアという地域にある宿泊地へ向かった。

車の外には、いわゆる三輪のトゥクトゥクみたいなものだが、圧縮天然ガスを使うＣＮＧバイクと呼ばれるもの（運賃メーターが付いている）、それを小型にしたミシュック、さらにミシュックをバッテリーで動かすオートリキシャといった、多様な移動手段が走りまくっている。不思議なことに、アジア各地で多く見られるバイクがあまり走っていなかった。

我々のバンの中には、俺の前の席に若い女性が一人乗っていた。優しげな顔つきで、左の前腕にびっしり黒いバラのタトゥーを入れている。デンマーク人のカミラ・エリクセンといい、休暇を終えて任地へ戻るところだそうだった。

数日後にどこかのクリニック内で事務をしている姿を目にしたが、役職は医療チーム・リーダーという医療チームを束ねる仕事だそうだ。我々と同じ『バナナハウス』に寝泊まりするのだから所属はOCA。つまりアムステルダムのオペレーションセンターに所属するスタッフなわけだ。

移動中、そのカミラが改めて振り向き、我々がどこから来たかを聞いた。ジャパンと答えると、カミラはそれが聞きたかったとばかりに微笑み、

「わたし、日本の作家の小説を読むんだよね」

と言う。驚いて、どんな作家？　と聞き返すと、何か英題かデンマーク語らしき言葉を発音したが、さすがに日本版の題名でないとピンとこない。首をかしげているとカミラは、iPhone に書影を出してみせた。作家名が英語ではっきり映っている。

「アサコ……あ、柚木麻子さんか」

そう言うとカミラはうれしそうにうなずき、次々に iPhone に書影を出してきた。

津村記久子、川上未映子、村田沙耶香。カミラは彼女らの本をたくさん読んでいた。日本の女性作家が海外でよく訳されているとは聞いていているが、実際のファンを目にするとリアリティが違った。カミラの趣味はよかった。

韓国作家も少し読むというので、ハン・ガンとか？　と言うとカミラは首を横に振った（まだハン・ガンがノーベル賞を獲る前のことだ）。かわりにキム・ジヨンと彼女は言い、つまりチョ・ナムジュの『82年生まれ、キム・ジヨン』だとわかった。カミラにしてみれば、マニアックなアジア純文学というより、あくまでも感情移入できるものとしてそれらを受け取っているらしいことがわかった。

バングラデシュ版トゥクトゥクがひたすら暴走し、道路脇の田畑の中に牛がたたずみ、あちこちに森がこんもり茂る国道らしきものの上で、金色の髪をしたカミラ・エリクセンはいつか日本に行ってみたいと言い、

「ラーメン！　すし！」

と続けた。ミーハーさと文学的趣味が入り交じった日本の文化受容が面白かった。少なくとも自分がＭＳＦを取材し始めた二〇一六年以降で、彼女のように日本を語るＭＳＦのスタッフはいなかった。

CNGバイクと呼ばれる小型の三輪タクシー　© Shumpei Tachi/MSF

キャンプに向かう道には多くの牛が歩いていた　© Shumpei Tachi/MSF

昼は安全だが、夜は……

二時間ほど移動して、道を右折すると田んぼのあぜ道の向かいに鉄扉があり、ＭＳＦのマークが描かれていた。中には車が十台は置けるだろう駐車場があり、六階建てだったかの立派な宿舎『バナナハウス』があった。

自分たちそれぞれの部屋を割り当てられ、荷物をほどいているとノックの音がした。ドアを開けると、少し離れたところに長身の中年男性がいて、厚い遠視のレンズの向こうにある優しげな目を少し伏せながら、

「僕はここのプロジェクト・コーディネーター（つまり責任者）のエリックというんだけど、もうブリーフィングしていいかな？」

と言った。もちろんと答えて指定された一階の広いリビングみたいな部屋へサンダルで降りていくと（バングラデシュの習慣に沿うのか、『バナナハウス』は玄関に靴箱があって内履きに替えるシステムになっていた）、すでに短軀で耳に複数のピアスをしたインド人らしきランジャン・コウル、あとでオランダ人とわかるやはり遠視のマーティン・スルートがいて、それぞれ完全にリラックスしている様子がただ者ではなかった。

責任者エリック・エンゲル（彼もまた三つのピアスを耳の外側につけていた）と彼らがユーモラスに、だが真剣に何か話しあっている様子は、俺に『おさるのジョージ』アニメ版に出てくるユニークで老練な学者たちを思わせた。となれば俺はジョージのように自由に振る舞うべきだろう。

ＭＳＦ日本の広報である舘さんと、ＭＳＦバングラデシュＩＳＴ広報のサザードも降りて来ると、かつてない広さのリビングで、エリックのセキュリティ・ブリーフィングが始まった。

その説明によると、まずＯＣＡは救急も含めて三つの病院を難民キャンプの中で管理していた。と冒頭のここまではいかにもの説明で俺ものんびりしていた。

が、いきなりそこからが違った。

「メガキャンプ内部には、仏教系反政府武装組織のいわゆるアラカン軍（ＡＡ）、あるいはムスリムの武装組織、例えばアラカン・ロヒンギャ救世軍（ＡＲＳＡ）らが散り散りになって入っており、各組織のキャンプでの力の及び方はわずか一年で刻々と変わる」

おいおい、戦地かよ。

「したがって昼は安全だが、夜は銃撃がある」

ぜんぜん安全じゃないじゃん！

滞在した宿舎『バナナハウス』　© Shumpei Tachi/MSF

髭をオレンジに染めた『バナナハウス』の守衛スタッフと　© Shumpei Tachi/MSF

と頭の中でツッコんだのも、ひとつ前の取材がパレスチナ自治区のガザ地区、ヨルダン川西岸地区で、その後大量虐殺が続いているだけに、家族から〝危険のあるところは取材不可〟と強く言われていた俺は、まずバングラデシュはアジアで十分に近いこと、難民キャンプはむしろ戦闘から逃れてきた人の滞在場所であることなどを説明して、ようやく出かけてきたからだ。それが移動に二十五時間かかり、夜には銃撃があるとはっきり言われたのであった。

ソーシャルメディアのデマ

外は夕焼けになってきて、ヤシのシルエットが濃かった。ゆったりとしたリゾートめいたガラス張りの大部屋で、他のデスクにはでかいジグソーパズルがやりかけてあった。そういうのんびりした雰囲気の中で、エリックは眉をひそめてこう続けた。

「ガザを見てくれ。UN（国連）がどんなに停戦を主張しても、世界は黙ってる。ロヒンギャに対してもまったく同じだ」

素敵なおじさん二人も静かに首を振って同意した。

あとから舘さんに説明してもらったのだが、彼ら二人は新任スタッフの研修をするために世界中の活動地を回っている人たちで、今回はバングラデシュの新人たちに〝MSFの憲章から、独立・中立・公平の立場で活動することの理解、セキュリティや証言活動の重要性、その他、人事や財務の制度なども教える〟とのことだった。

興味深いことに〝対象はあらゆる職種に及び、医師や看護師などメディカルだけでなく、人事総務やドライバー、掃除係、守衛、調理担当の方も〟彼らの講義を受けるとのことだった。

組織の中の上下関係なく、MSFがなんたるかを伝える二人にとっても、ガザやロヒンギャ難民キャンプの困難は、ともすれば心をへし折られるようなものだろう。事実、彼らの表情からはさっきまでの笑みは消えていた。むろん、おさるである俺の顔からも。

エリックはさらに、洪水の危険について短く説明した。しかし、先日の豪雨による地崩れで九人の死者が出ているところまでは知らなかった。

「それだけじゃない。我々は常にソーシャルメディアのデマに注意する必要がある。難民キャンプについてありもしないことを、誰かが意図的に流す。対応を怠るわけにはいかない」

コロナ禍で四年半ほどMSFを取材しないうちに、そんなことまでがセキュリティ・ブリーフィングに入ってきているのに、俺は暗澹たる思いがした。確かにデマは、鉄条網に囲まれた難民キャンプにとって最も恐ろしいものだと言えた。中のロヒンギャたちにとっても、それを囲むバングラデシュの人々にとっても、デマはわずか一日のうちに人間を極限まで対立させてしまう。

他にも説明はあれこれあったが、ここに必ず書いておかなければならない案件がもうひとつある。それは当然エリックの話にも出た。

「ヤーバと呼ばれるアンフェタミンの問題だ」

つまり覚醒剤である。しかもこれは難民の間に横行するというだけの問題ではなく、それを武装組織が資金源にするために、難民キャンプが隠匿場所としてなどで利用されるという話であった。中にギャングスタが生まれるのは、単に身分の構造化だけでなく、ドラッグ売買にも関連しているのかもしれなかった。

ブリーフィングが終わり、狭い食堂へ行って何種類かある皿から好きなものを抑制気味に選び、黙って食べた。

そばにあの二人がいて何かしゃべっていた。時々、オランダ人のマーティンがこちらに話しかけてくれて、俺の取材を面白がった。彼は好奇心のかたまりだった。

一方の短軀のインド人、ランジャンは洒落た丸メガネをかけ、左腕に太い線で黒一色のタトゥーを入れていた。最初はそれが何かまるでわからなかった。稚拙な一筆書きのような何かだった。ちらちら見ているうち、やがてそれがスーフィーの旋回舞踊の絵だとわかった。しかも現地の素人に彫ってもらったような。

どういう経緯があったか推測がまったく出来ない。だが少なくとも、そこに彼が経てきた人生の奥行きを感じた。イスラム神秘主義の行者の姿を腕に刻むような人間の、過去の色彩を。

あてがわれた部屋に戻って隣の空間にあるシャワー（水）を浴び、上掛けもないのでバスタオルを腹にかけて蚊帳の中に入った。

ロヒンギャたちのメガキャンプには世界のマイナスが詰まっていた。

差別に貧困に病気に銃撃、災害に薬物。

そこから少しでも難民の絶望を減らす。

すさまじい課題の前に、人道主義者たちは立っているのであった。

「丘の上の病院」へ

翌朝七時に階下の食堂へ行くとエリックがいて、

「四時頃に近くのモスクからお祈りが聞こえたでしょ？　目が覚めなかった？」

と心配してくれたが、俺はまったく気づかずに割れたガラス窓をカーテンで覆って熟睡していた。

海外スタッフは次々と食堂へ来て、パンかシリアル、そして小さなバナナなどかじってから、食器をキッチンに積み上げて出て行く。ちなみに自分で洗わなくていいのは平日の朝だけで、さすがに忙しいからだ。夕食や休日の朝昼晩は適当にあるものを食べて、食器をそれぞれが洗うルールになっている。

舘さんたちも集まってきて、俺はまた綿で出来たMSFのベストをもらって着た。玄関に行くとそこに動画を含めてカメラマンを務めるシャイカット・モジュンダがいた。背が大きく、髪の毛があちこちにうずまいていて鋭い目をしている。だが、たまに笑うと可愛くなるやつだ。

八時少し前、若干の小雨の中、我々は警備員が開けてくれる鉄扉をバンでくぐり抜け、田園と里山が目立つ風景の間を移動した。

十五分もすると、全体を囲む鉄条網の間の入口からついにキャンプの中に入る。二〇一九年からレンガ道になったとのことで、両側は延々と竹で組んだ掘っ立て小屋ではあれ、清潔な印象が俺にはあった。

カメラマンのシャイカット・モジュンダと　©Shumpei Tachi/MSF

道はずっと坂道で、なにしろ目的地はHospital on the Hill、略称ＨｏＨ、「丘の上の病院」と親しげに呼ばれる施設である。起伏の多いメガキャンプの中心にそれはあるらしかった。

左右の小屋の前に目立つのは、日本で言えば小学生以下の年齢らしき子供で、鶏の数羽の群れの放し飼いも目立つから、つまり行けども行けどもＴシャツ姿の子供と家畜だ。強調しておくが、百万人弱の人口のキャンプに毎年四万人の子供が生まれるのだという。数年もすればとても今の状態ではいられないことがわかる。

唯一、それら子供が前にいない建物がＯｘｆａｍ、ＵＮＨＣＲ（国連難民高等弁務官事務所）、ＷＦＰ（世界食糧計画）といった支援団体の事務所なのだけれど、それぞれがこぢんまりとしているためキャンプに溶け込んでいるのに好感を持った。

さて「丘の上の病院」はさすがに丘の頂上にあった。敷地の中に入るとプレハブの建物が並んでおり、その奥のスペースに朝から立ったまま円陣を作ってミーティングしているスタッフたちがいた。一人はＭＳＦ日本の医師、坊主頭の若い塚本裕さんだ。

ＨｏＨの責任者、モライヤ・マッカーサーのオフィスに入ると、にこやかに迎えてくれた彼女はすぐに地図ボードを示し、やはり我々がメガキャンプの真ん中にいるのを教えてくれた。幾つかに分割されたうちの、キャンプ８Ｗ。

「丘の上の病院」の責任者、モライヤ・マッカーサーから説明を聞く　© Shumpei Tachi/MSF

にこにこしながらモライヤは、まず最初に伝えておくこととして、短くこう言った。

「セキュリティのことなんだけど、もし銃撃が始まったらすぐ伏せてね」

なんかもう笑ってしまったのは平和ボケの俺ゆえの不誠実だった。とはいえ、いくらなんでもしょっぱなから、あまりにヒリつくアドバイスであった。

「ないとは思うんだけど」

みたいなフォローを一応モライヤはした。

かえってありそうな感じしかしなかった。


さて、モライヤに連れられて、我々は「丘の上の病院」の全体を見せてもらうことになった。これは他の病院でもほぼ同様だが、まずはじめに入口に直結する空間が〝トリアージ〟のための場所だった。

外来の患者はそこに来て、自分の患者としての優先度合いを決められる。右にデスクがあって医師が患者の容体を聞き、カルテを書いて必要な部屋へ通すことになるのだ。診察結果次第では入院も可能である。

ちなみに救急外来ならエントランスからそのまままっすぐ行った奥がいわゆるＥＲ（Emergency Room）で、これは動線としてまったく無駄がない。

我々はトリアージの待合室から次の部屋に導かれた。ベッドが六床あり、そのうちのふたつに女性と子供が寝ていた。

「私はOCP（オペレーションセンター・パリ）の所属だけど、このキャンプには三つのOCが入ってる。ハーモナイズしてるわけね」

ハーモナイズ。モライヤはそういう言葉で、運営の構造を教えてくれた。

そんな説明を受けていると、さっき円陣の中にいた塚本さんが来てくれた。自然、モライヤから説明役が移る。俺は各病室を巡りながら話を聞くことになった。

HoHには患者がひきもきらないとのことで、他のクリニックに行った人が紹介されてくるなど、特に朝の混みようは大変なものだそうだった。

面白いことに、塚本さんのもとにすぐサラム・ラセルという、ロヒンギャ難民と医師の間をつなぐ役割（メディカル・インタープリター）の男性が来て、続いて看護マネージャーの韓国人女性キムさん、病院全体のコーディネーターなどなど、ふと気づくとあれこれの役目を担う人々が我々を囲んでいた。

そしてみんなで病院内を巡回する。なんだか俺を中心とする『白い巨塔』みたいな具合だったが、どうやらそうやって自分たちも院内の仕組みを再確認しているらしく、互いに説明をし合ってそれぞれがうなずいている。MSFによくあるケースなのだが、なんであれチャンスを活かして勉強するというか、あらゆることがブリーフィングになり得るのだ。

デング熱、マラリア、C型肝炎の混交

巡回中の話で興味深かったのは、現在雨期ということもあってデング熱とマラリアが増え始めていること、献血による血液バンクが始動していること、バングラデシュ発祥で世界最大のNGOと言われる『BRAC』と連携して結核患者の対策を行っていること、そして前々から耳にはしていたがC型肝炎患者が非常に多いことであった。

C型肝炎に関してはキャンプ内の成人の五分の一が陽性で、原因ははっきりとはしておらず、民間医療の中で注射器がどう使われているか、また散髪屋などで消毒が不十分なカミソリが使われている可能性など、様々な要因が考えられていた。しかし最大の問題としてミャンマーでロヒンギャの人たちがしっかりとした検査・治療を受けられなかったことが根底にあるらしい。

俺たちは各担当から話を聞きつつ、老若男女で満床の入院病棟を見、メンタルの問題も扱うカウンセリングルームを訪ね、さらにその奥に男女でエリア分けされた入院病棟があ

るのを見た。

「C型肝炎が多いのも問題なんですが、アンモニアが脳に行くと肝性脳症になるんで、油断出来ないんです」

明らかに動けなくなっている患者をかすかに示して塚本さんは言い、

「しかもキャンプ内ではデング熱、マラリア、C型肝炎の罹患者が容易に入り交じりますから」

とベッドの幾つかが蚊帳で囲われているのを指さし、さらに説明した。

「デング熱かマラリアの患者さんです。蚊が彼らの血を吸って他の患者に媒介しないようにしてます」

ともかく忙しそうなその院内に現地の医師が十三人おり、〝病状がややこしそうな人を僕ら海外ドクターが診る〟ということになっているそうだった。

少し遠くまで行くと、隔離病棟が四つあるのがわかった。中のほとんどが結核患者だとのことだった。中に入るとデスクがあり、看護師が詰めていた。

透明ガラスで仕切られている小さな空間にひとつのベッドがあった。斜めに起こしたそれに一人の痩せた老人が寝ており、マスクを耳にかけずに口の上に置いたまま、肉の落ちたおなかをなで、ひたすら不安そうな目でこちらを見ていた。とにかくただ見てくる。晩年鬱もあって入院していた頃の俺の父が、まさによく似た雰囲気をかもし出していたのを思い出して、俺はその患者から注意を離せなくなった。結核でおそらく末期らしかった。衰えていく自分をどうすることも出来ず、ただただ不安に嚙みつかれている老人。

俺は誰にも気づかれないよう、彼に頭を下げて次の部屋に移動した。

八人の家族と共に国境を越えて

男性病棟のベッドに座っていたアブ・シャマさんに、直接話を聞くことが出来た。通訳は例のメディカル・インタープリター、サラム・ラセルさんだ。

アブさんは白いヒゲを口のまわりと顎にたっぷり生やし、すっかり老人と見えたが、聞けば六十二歳で俺のひとつ年下だった。困難は人の容貌を簡単に変えてしまう。以前、ギリシャでシリア難民の男性にインタビューした時も、彼が五十歳間近なのに虚を突かれたものだった。年上にしか見えなかったからである。

アブさんはマラリアが主な病因で、そこから血小板減少をひきおこしていた。数日入院しているという。本人いわく、

「熱も引いたし、嘔吐や咳もなくなった。ここにいれば安心だから退院したいが、実は右腕の痛みと足のしびれもあってね」

後者の病状はおそらく糖尿病と関係があるようだが、もともとミャンマーでは井戸掘り職人だったというから、肉体を長く酷使してきたことは確かだった。

それが二〇一七年、約七十万の難民がバングラデシュへ避難してきた時、彼も八人の家族と共に国境を越えた。残念ながらその後、妻は亡くなり、甥と姪と三人で暮らしているのだという。他の子供は離れたところにいる。

付き添いで横にいたのはやはり白いヒゲの弟さんで、聞いてみるとこう答えた。

「わたしらは難民登録が遅れたんです。もっと早く済ませていたら待遇も変わっていたでしょうが。ただ病院ではよくしてもらっているし、こういう活動は続けていて欲しい。あとのことはとにかくね、わたしらは神様に祈るしかないです」

一方、女性病棟ではC型肝炎に苦しむロシーダ・ハトゥンさん（五十三歳）に話を聞けた。真っ青な民族衣装を痩せこけた体にまとい、起きることも出来ずにいる。時折、病棟のアシスタント女性が枕の位置を直した。しゃべるとすこしずれてしまうからだ。

ロシーダさんの最も目立つ特徴は膨れた腹部で、それは服の上からでもはっきりわかっ

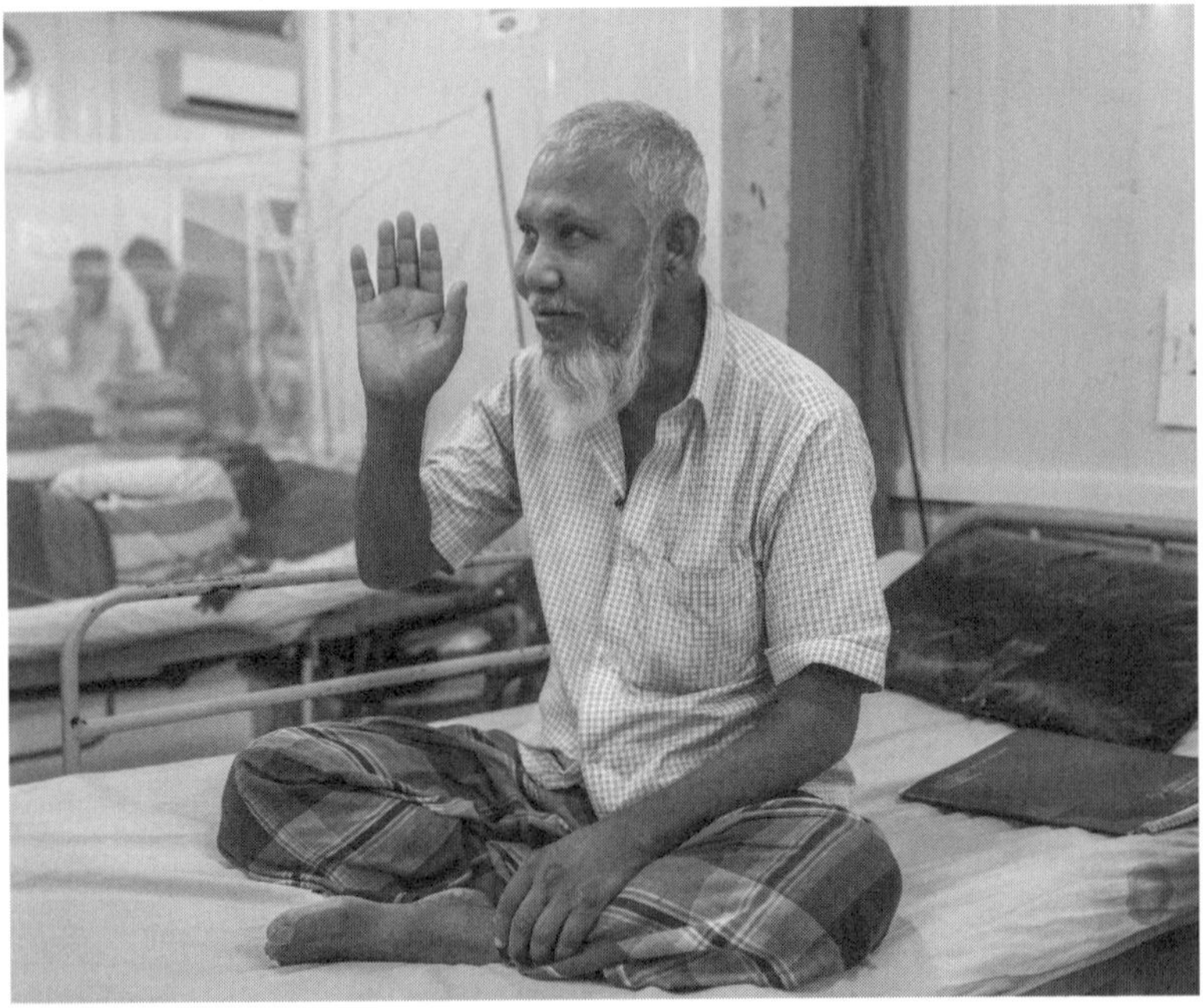

男性病棟に入院中のアブ・シャマさん　©Saikat Mojumder

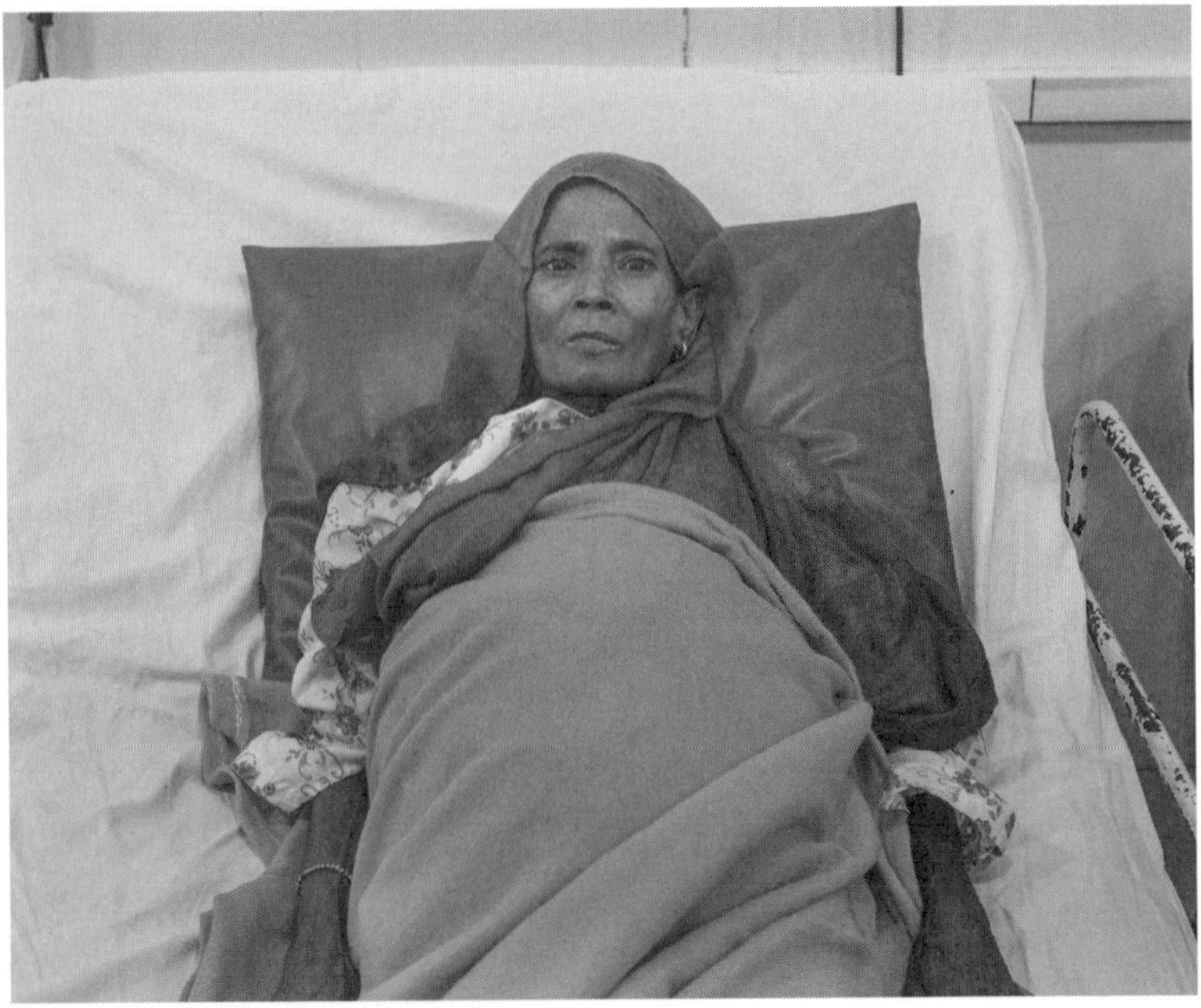

C型肝炎に苦しむロシーダ・ハトゥンさん　©Saikat Mojumder

た。実際、C型肝炎に六年悩まされたうち、この一年は腹痛に襲われているという。入院は二日前からだった。

「キャンプに来たのは二〇一七年です」

か細い声でロシーダさんは言った。

一緒に避難したのは三人の娘だが、全員結婚して今は一人暮らし。

「病気なので生活は苦しく、決して幸せではありません。たった一人でキャンプに暮らすのは恐ろしいです。何があるかわからない」

息をつぎながら話すうち、ロシーダさんの片方の目から涙がふくれあがってきた。

「なかなか……よくならない。C型肝炎のない世界へ行きたい」

それは頬にこぼれて落ちた。

膨れた腹部はつまり腹水が溜まっているからで、肝硬変に移行していると塚本医師は教えてくれた。厳しい病状だ、と。

入院病棟を出て、丘を少し下りたところが日射しをよける廊下のようになっていて、そこに乳児を抱いた若い母親がいた。話を聞けるのだという。

名前はレヘナ・ベガムさん、二十五歳。飾りのかわいらしい黒い布（ニカブ）をかぶり、着ている衣服も黒。子供の背をぽんぽんと叩く手以外は、伏せがちな目元しか見えない。澄んだ目をしていることだけはわかった。

二十五歳にして、彼女はすでに五年間糖尿病を患っていた。この三年はインスリンを投与しているという。

やはり彼女も二〇一七年にミャンマーから避難していた。早朝に家族七人で村を出て、豪雨の中、ジャングルを夜通し歩き続け、ボートでナフ川（ミャンマーとバングラデシュを分ける河川）を渡り、そこからさらに二日間歩いて難民キャンプにたどり着いたのだという。ちなみに逃避行の時には生後半年の子供がいたそうで、乳幼児を連れての移動はさぞ大変だったろう。

今、一番の不安はなんですかと聞くと、レヘナさんは考えながら小さな声で答えた。

「子供を育てるのに不安はないです。生活は楽じゃありませんが、夫がキャンプの外で働いているので」

本当はキャンプ外での労働は禁じられているのだが、それではとても食べていけない。食糧配給券はあるのだが、多くの人がそれを売って現金収入にして暮らしている。つまり百万人近い人間が、腹を空かせて生きているのだ。

「もし他に何かあれば教えてください」

重ねて問うと、レヘナさんは今度は即答した。

「治安が不安なんです。夜中に銃声がするのがこわい」

真っ暗闇のキャンプに響く銃声。

どんなグループがなんのためにしているのかわからない襲撃。

夜の難民キャンプで難民自身が怯えていた。

薬が圧倒的に足りない

こうして数人の協力者にインタビューさせてもらい、最後は立ち話のように塚本さんから話を聞いた。何を答えても恥ずかしそうに笑う人だった。

塚本さん自身は十年超の医師経験を持っており、ＭＳＦに入る前は沖縄の離島で病院に勤めていたこともあるそうだった。つまり医療の届きにくいところにいようとしてきたのだ。

なぜＭＳＦに？　と問うと、

「ＭＳＦ最初の日本人ボランティアの女性医師の話が、教科書に載ってたんですよ。それで興味が湧いて少しずつ経験者の本も読んだりするようになって、そうしながらだんだん道を決めていった感じです。海外派遣スタッフに多いパターンですよ」

そう言って塚本さんは苦笑っぽく笑った。

「ＭＳＦで働くには医師としての経験が足りないんで、長崎大学の熱帯医学研究所で学んだりもしました。それでやっとＭＳＦに入れて最初はアフリカ、それからすぐにここバングラデシュです」

今度の笑いはひたすらうれしそうな、しかしやっぱり照れているようなものだった。

「このメガキャンプでの最大の問題はなんですか？」

「わたしは医療のことしか答えられませんが、百万人規模のキャンプに対して薬が圧倒的に足りていません。例えばC型肝炎は慢性疾患といえます。つまり抑制可能な病気なんです。キャンプでは成人の三分の一が感染したことがあり、五分の一が（肝機能を悪化させる）活動性の肝炎にかかっている。しかし高くて薬を行き渡らせることが出来ない」

世界の援助資金がロヒンギャ難民に向いていない。ゆえに五分の一がC型肝炎陽性という地獄めいたことになる。

「ＨＩＶだって、いまや慢性疾患ですからね。一生のつき合いでやっていく対象なんです。しかしそのためには薬が要る」

ＨＩＶだって、いまや慢性疾患……。

日本人医師、塚本裕さんと著者　© Mohammad Sazzad Hossain/MSF

人類は多くの重大な病を乗り越えてきたが、残念ながらリッチな国でしかその営為は実っていないのだった。

さて塚本さん、というか最終的に塚本君と呼ぶようになっていたのだが、彼とはまたディナーでも食べようと約束して、我々は「丘の上の病院」を去り、ひとつ隣のブロックであるキャンプ17に向かった。

ロヒンギャ難民がロヒンギャ難民を苦しめている一方、そこではロヒンギャ難民がロヒンギャ難民を救おうとしていた。

第4章　高潔で若い人々

難民自身による健康啓発活動

というわけで、六月二十四日の午前中、我々は「丘の上の病院（Hospital on the Hill ＝ＨｏＨ）」からひとつ西隣のキャンプ17へと徒歩で向かった。

雨期の名残で小雨が降る中、狭い道にも泥の色をした水路にも、相変わらず子供があふれていた。他に目立つのは犬と鶏で、それら動物たちがＴシャツ一枚で下は裸だったりする子供とじゃれている姿は、一瞬牧歌的に見えた。

だが子供の着ているＴシャツにかなりの頻度で「ガザを救え」「平和をパレスチナに」と印刷されているのに気づくと、ニコニコとはしていられなかった。物心ついた年齢以上のロヒンギャ難民は決してそれを着ていない。

「平和をパレスチナに」と書かれたTシャツを着た子供　© Shumpei Tachi/MSF

推測だが、メッセージTシャツを咎められても直接は何も答えようがない幼い子供たちに、親は自分の胸のうちにある言葉を語らせているのだろう。そしてまた、種類の多さからしてメッセージTシャツはあちらこちらで作られ、配られているはずだと思った。つまりそれはロヒンギャ難民キャンプだけにある光景ではなく、世界中のイスラム圏の子供たちが同様に「ガザを救え」「平和をパレスチナに」などと書かれたTシャツを着用しているのではないか。そうなると、世界の見え方が変わってくる。

考え込みながら歩く俺の目の前で、やがて三人の現地スタッフが合流した。男性二人に女性一人でチームを組んだ彼らはみな若く、頭のよさそうな連中で、聞けばロヒンギャ難民であった。彼らは「国境なき医師団」（略称ＭＳＦ）のアウトリーチ・チームに所属しており、担当のキャンプ内をくまなく回って、健康に関する知識を人々に伝えていた。

一緒にくねくねと曲がった細い階段をあがり、いかにもスラムといった仮小屋めいた狭い家の間を抜けていく。一番奥に電灯のついていない薄暗い家があって、その前でチームは止まった。細いフレームの丸メガネをかけた好青年がリーダーで、彼が熱をこめて活動について説明をしてくれる。

アウトリーチ・チームは全キャンプで五十九人おり、もちろん全員がロヒンギャ難民。トップで彼らをまとめるのは四人で、彼もその一人だった。例えばそのキャンプ17には一万九千人の難民がいて、それぞれの世帯を八人のスタッフで回るのだという。活動の名は『ヘルスプロモーション・アウトリーチ』。

月に一回ずつ、そのレポートを印刷物として作るというリーダーはこう言った。

「医療はクリニックに、水や衛生や食糧といった生活のことは各人道支援団体にまかせて、僕らはアドボカシーを担当します」

難民たちに正しい健康情報を伝え、なおかつ彼らにどのような施策が必要かを外部に発信する。アドボカシーとはそういうことだろう。それを若い難民自身が行っていることに、俺は希望を見た。

ロジアさん一家の過酷な体験

竹で編んだ小屋の中にチームの女性（名前はルバ）がファイルを持って入り、俺たちもそうするようにリーダーに指示された。ゴムのシートを敷いて青いゴザをかぶせた十畳ほどの場所に、黒い衣を着たおばあさんが一人いた。隣に台所でもあるのだろうか、ラッパーのドレイクみたいなヒゲで（というか、ドレイクが彼らのヒゲの慣習にしたがっているのだが）顔の下半分を覆った、がたいのいい息子さんと、その子供だろう、小さくてかわいいやつらが五人、興味津々という表情でこちらをのぞき見ている。

おばあさんはロジア・カーフンさんといい、C型肝炎を患っていた。ロジアさんによれば、八人の子供がいたが三人はマレーシアに移動しており、四人はキャンプ内にそれぞれの家族と住んでいるという。今は二人の孫と三人でその家に住んでいるのだそうだ。

いつからC型肝炎なのか聞いてみると、ルバが『ヘルスカード』を出すようにロジアさんに言ってくれ、そこにある記録によると今年（二〇二四年）の一月に熱と体の痛みが始まったのだった。以来、隣のキャンプのHoHに通っている。

ヒゲをたっぷりたくわえた息子さんも実は去年発病し、治療して治ったばかりだそうで、すでに聞いてはいたがC型肝炎の罹患率が高いことのリアリティを俺は感じた。

さらに聞けば、ロジアさんたちがミャンマーを出たのは多くの難民がそうであるように二〇一七年。十月に家族十人で川を渡ったのだそうだった。かつてはモラビと呼ばれる宗教的なリーダーだった夫はモスクに勤めており、当時は土地もお金もあった。しかし虐殺が始まって国境を越えざるを得なくなった。

その夫は慢性疾患（高血圧や胃腸の病気）を抱え、C型肝炎も陽性であったが、残念ながら七十歳以上は物資が限られているため診療を受けられず、手をほどこせずに死亡。また八人の子供の話の時に一人の情報がなかったのは、孫の出産時に亡くなってしまったからだとロジアさんは言った。その時に生まれたのだという四歳児がちょうどよちよちと部屋の中に入ってきて、おばあさんの足に抱きついたのが切なかった。

以後の話も過酷なものだった。

数ヵ月前の夜、目出し帽をかぶって銃を持った強盗が家に入ってきたのだという。そして携帯電話を奪い、それだけでなくロジアさんに銃を持たせて写真を撮り、被害を訴えればこの写真をばらまくぞと脅したのだそうだ。おそらく近所の評判が最も大切な社会なのだろう難民キャンプ内で、その脅迫はきわめて狡猾、かつ有効なものなのに違いなかった。

「ミャンマーには戻りたいですか？」

ルバを通して最後に聞いてみると、

「自由と財産が取り返せるなら」

ロジアさんはそう答えた。前者ならともかく、後者の願いはもはやかなわないに違いないから、答えはノーと同じだった。

外に出ても雨はやんでおらず、それどころか下の道まで行くと、そこに泥の小川が出来ていた。それでも子供たちは川に入り、元気よく遊んでいた。例のTシャツを着ている子がいるかどうかは、もう泥でわからなかった。

数分歩いたところにある家で、別のチームがアウトリーチをしていると聞き、そこへもお邪魔してみた。

ロジアさんの家とほぼ同じ間取りの中に、MSFのベストを着た若いメンバーがおり、ビニールで一枚ずつ覆った紙芝居のようなものを、三人の若者と一人の壮年に見せてしゃべっている。俺が見たのは蚊と皮膚の絵で、「デング」という言葉がさかんに出るからデング熱がテーマなのだとわかった。

やはり難民である語り手はすさまじく熱っぽくデング熱の恐ろしさ、防ぐための方法を語っているらしいのだが、それがどこか独特の名調子を帯びかけるのを俺は感じた。

以前マニラのスラムでも、大勢の聞き手に向かって避妊についての説明をする、おそらくトランスジェンダーの女性を見たのを思い出した。一生懸命に伝えたいことがあり、同じ内容をあちこちで繰り返すからなのか、そこにはうっすら調子が出てきて浪曲のような、講談のような語りの魅力をわずかに帯びるのだ。聞いている側の熱心さもその雰囲気を支えているかもしれない。

ともかく俺は意外な場所で「芸能の発生」めいたものを感じ、言葉もわからないままそのデングではない熱にとりつかれる思いがした。

上列左からルバ、著者、ロジアさん、ロジアさんの息子さん　© Saikat Mojumder

健康啓発活動でデング熱についての説明を受けるロヒンギャ男性たち　© Saikat Mojumder

市場にあふれる暮らしの活力

チームと別れ、HｏHに戻った俺たちは、ジュラルミンの円形の容器にライスと辛いおかずを入れて重ねた、つまり「お弁当」をランチとしていただき、十四時半頃にバンに乗って、メガキャンプから少し南に離れたところにあるOCB運営の病院に行くことにした。

『ジャムトリ診療所』というその病院は、俺たちが訪問した時はのんびりしていたのだが、日本に帰国後、バングラデシュに起こった政変の影響でキャンプ内の武装グループ間の武力衝突が激化し、負傷した多くの患者たちが運び込まれたと聞く。あの時会った医療従事者たちの直面した、あの過密なキャンプ内での暴力の悲惨さを思うと言葉を失う。

ともかく、「武力衝突」前のレポートを続けよう。

鉄条網の包囲からいったん外に抜けると、そこにはバングラデシュの市場が左右にしばらく続いており、広報の舘さん、サザードと共にちょっと寄ってみようということになった。

食べ物、衣服、金物類、ドリアン、薪、木材などなど、生活のための物資は豊富にあり、人は波のようになってひきもきらず、そこをバングラデシュ版のトゥクトゥクが走り回って、きわめて生き生きとしていた。国が栄えていく右肩上がりの線グラフが、それら市場の屋台の上に見えてくるような気がした。

バンに戻って道路を行くと、やがて市場は途切れ、田園風景が広がったように記憶する。そして俺たちは道路の右に出てきたキャンプ15の入口から鉄条網の中に入った。

そこにも小さな屋台のようなものはあり、家々は狭いながらも竹できっちり編まれ、人の往来は続き、やはり外のように〝生き生き〟していた。その昼間の様子が、俺をなんだか夢でも見ているような気にさせた。彼らは弾圧され、武器で攻撃され、命からがら逃げてきたのだ。しかし暮らしの活力は彼らの苦難を見た目では上回ってしまう。

すぐ右側にＭＳＦのマークが見えた。

広めの駐車場にバンを停めると、横に救急車もあった。設備が整っていそうだった。

そのまま歓待され、プロジェクト・コーディネーターのサミラ・ルリーディ、そして日本人看護マネージャーの松田美穂さんに挨拶すると、彼女らが院内を案内してくれた。

壁に貼られた「花のマーク」

門からすぐの場所がトリアージのための空間であることはどこでも同様で、訪問者はそこで救急か一般外来かを決定される。面白いことにのんびりした一般外来のあたりに、黒い衣を着て「ママ」と呼ばれているロヒンギャ難民のスタッフがいて、その周囲に赤ちゃんと母親たちがにこやかに座っていた。この「ママ」についてはあとで説明するが、ここでも難民が難民を助けている様子がわかる。

一般外来の方へ進むとデスクがあり、そこに桶が下がっていて、乳幼児を入れて体重を量ることが出来た。これはハイチでも、確かマニラでも見たと思うが、シンプルでかわいらしい。同じ場所ではテープのようなもので子供たちの腕の太さを測って栄養状態を診る。それが乳幼児への診察の基礎になるわけだ。

診察室から、少し病状を落ち着かせるための部屋などなどを回ると、女性看護師たちがお揃いの青い上下を着ていて、確か胸だったかに共通のマークがあってかわいらしかった記憶がある。彼女たちの団結感とセンスがジャムトリ診療所を支えているのがわかると俺は思ったものだ。

診療所には入院病棟もあり、急性下痢（多くは感染症が原因）、呼吸器疾患などに対応して隔離も可能であった。外来患者たちの多さの話も聞いていたから、診療所は忙しいに違いなかった。

「はい。私たちは二十四時間、週に七日間やってます」

松田さんは少し吹き出すように、メガネの奥のつぶらな瞳を輝かせて言った。

さらに移動して、ＮＣＤ（慢性疾患）の患者の待合室に出た。ごった返すので予約を推奨しているそうで、近くに三つの小窓があってそれらはすべて薬を渡すためのものだった。いかに混雑するかがそれでよくわかった。

渡された薬のうち、インスリンは壺に入れて土や水の中で保管することもあると松田さんは言い、そうやって家で管理する薬を「ホームベース・インスリン」と呼ぶことも教えてくれた。

他に小さめのハイテク機器が並ぶ検査室も見せてもらいつつ、病院の敷地内を歩いていると、松田さんがふと建物の壁に貼ってある花のマークを指さした。誰かが描いた簡素な五弁の花の絵であった。

「これは性暴力を受けてここに来た方が、何も言わずに安全な場所に行くための工夫です。花をたどっていけば自然に奥の診察室に行けるし、入院も出来るんです」

乳幼児の体重を量る桶　©著者

ジャムトリ診療所の壁に貼られた「花のマーク」　© Miho Matsuda/MSF

なるほど、被害を誰かに話させるだけで二次的な暴力が生じかねないのを、ジャムトリ診療所では「みんなの話し合い」によって生まれた花のマークの連鎖で防いでいるのだった。

感銘を受けていると、松田さんはさらにこう説明した。

「この花のことは院内の誰もが理解していますから、どなたかが傷ついて来られて、もしお尋ねがあればすぐに絵を示すことになります。門のところにいる守衛も、ドライバーも全員、そのことを知ってますので」

医療関係者だけでないブリーフィングの対象の徹底ぶりに、俺の感銘はなお増した。

また、女性に優しいジャムトリ診療所には、先に触れた「ママ」がいた。話が聞けるというので外のあずま屋みたいなところで待っていると、少ししてロヒンギャ難民であるカーティージャさんがやってきた。撮影もすると知って、彼女は「メイクしてないから」と困ったような顔になった。そこで俺が使っていないマスクを見せると、それをつけてなら撮ってもいいことになった。

インタビューしてみると、三十代後半のカーティージャさんはすでに六年、妊婦たちのための「パートナー・アテンダント」を務めていた。もともとミャンマーで伝統的なお産

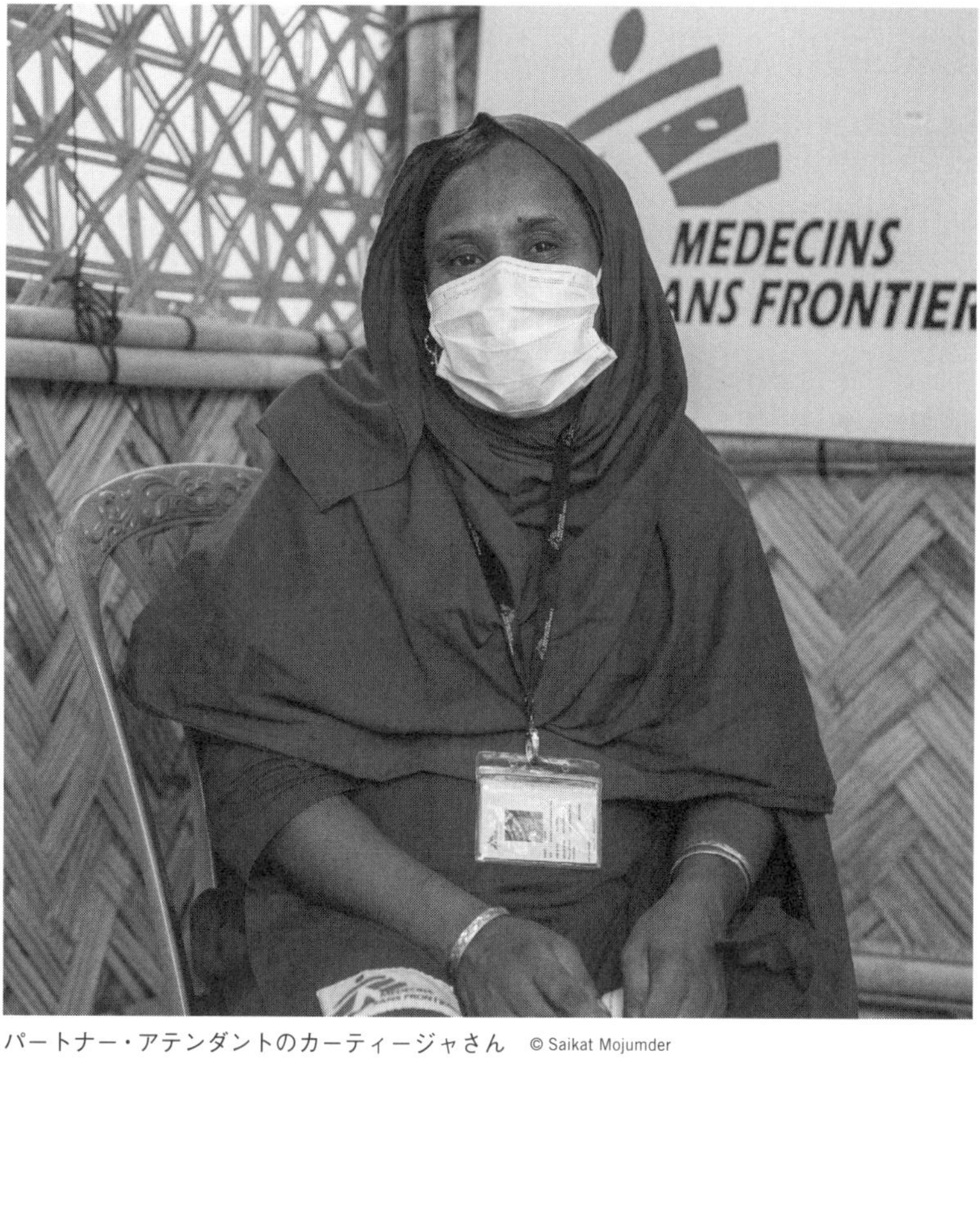

パートナー・アテンダントのカーティージャさん　© Saikat Mojumder

婆さんで、祖母からその技術を学んだのだそうだ。

とはいえ彼女は医療に携わるのではなく、あくまでも妊婦たちの世話をするのだという。妊婦を待合所に迎えるところから始まり、尿検査があればトイレにつれていき、心配事や悩みを聞く。彼女もロヒンギャだからこそ、女性たちの安心は深いだろう。

そして何より、カーティージャさんは分娩の時も「もちろん付き添います」とのことで、これは西洋医学が学ぶべきメソッドのひとつではないかと思った。事実、彼女の支えの中で出産をした女性はこんなことを言うのだそうだ。

「家で産むとなると綱を引っ張って踏ん張るんだけど、ここでは違う。声をかけてもらって心安らかに分娩出来ます。だから、診療所で産む人は幸せです」

日本のメディアで見たのとは違う世界

カーティージャさんのあとは、松田さんへのインタビューだった。

背の小さな、きゃしゃな人である。

そしてきわめて日本語的な英語を、しかし聞き間違いようのない明晰さで話す人だ。

これまで、ＭＳＦでは、ケニア、アフガニスタン、イラク、シリア、パレスチナ、パキスタンに派遣され、ＪＩＣＡの仕事でパプアニューギニアとソロモン諸島でも働いたという。

共通しているのは「ＥＲ、ＩＣＵばっかり」だということで、つまり緊急性の高い医療にばかり携わってきたのだという。タフな人だった。

幼少期から入院が長かったそうで、看護師との接触が日常的だった。七歳だったか八歳だったかのある日、病院の中でＭＳＦの活動をビデオで見たのだという。

「自分は運よく、平和な国に住んでるんだなあ」と思った松田さんは、そのままこう決意した。

「もしも体がよくなったら、私もこういう仕事をしよう」

そして松田さんはなんと病気を克服し、医学を修めた。そのあとＪＩＣＡで二年、ベトナムでの海外ボランティアを体験し、日本ではＥＲで緊急医療の現場に携わりつつ、教会に通ってネイティブの牧師さんと話して英語を学び、駅前英会話学校の無料体験レッスンを繰り返すことでも学びを続けた。お金をかけずにひたすら英語を鍛えたのは、ＭＳＦの面接に落ちたからだった。

やがて二回目の面接で彼女は念願の「国境なき医師団」の一員となる。「伸びしろ込みで」と受け入れてくれた面接担当は、あの白川優子さんだったという。

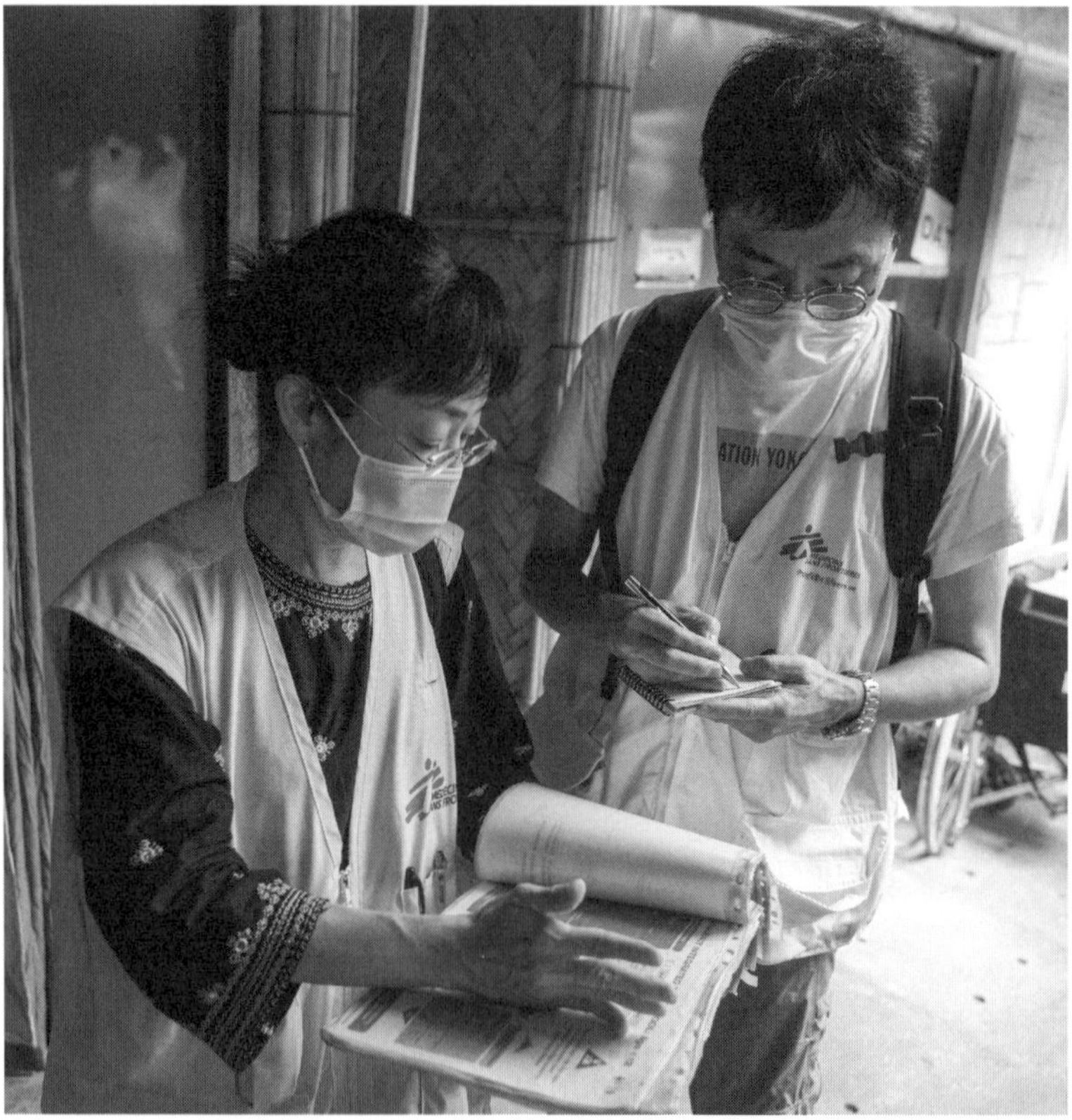

ジャムトリ診療所で看護マネージャーを務める松田美穂さん　© Saikat Mojumder

「以来、ニーズベースで色んな場所へ入っています」

そう言う松田さんに俺はこう聞いた。

「松田さん、この仕事やめる気ないでしょ？」

すると即答だった。

「はい」

そのあと、以後はどこに行きたいかを質問すると、答えはアフガニスタンとシリアだった。

「危険だと言われますけど、現地の人々は私によくしてくれました。日本のメディアで見た世界と、自分の目で見た世界は違います」

その時の恩を返すように、松田さんは医療の届きにくい現場へ行き、医療に従事する。

高潔な人であった。


離れ小島のようなキャンプ15にあるジャムトリ診療所を出て、夕方『バナナハウス』に戻った俺たちは十九時まで休んで食堂へ降りた。

すでに米の料理はなくなっており、他のスタッフたちの激務がしのばれた。

俺は残ったエビ焼をいくつも食べ、ほぼ黙ったまま自分の部屋へ帰ると、下着を洗面所で洗って干してから、蚊帳に囲まれたベッドにいったん仰向けになった。
まだ二十時過ぎだったが、シャワーを浴びたらすぐ寝てしまうことは明らかだった。

第5章 井戸工事とキャンプ最大の病院

日傘をさした男たち

翌日（六月二十五日）、朝八時に『バナナハウス』を出発する時、雨期の名残はなく、空は晴れ渡って暑いくらいだった。それがのちのち俺を苦しめることになる。

「国境なき医師団」（略称ＭＳＦ）のバンはいつものように田んぼの横の道から、左右の露店がにぎわう市場のような道路を抜けて、バルカリと呼ばれるクリニックにまずは向かうのだが、すでに渋滞が始まっていた。

止まりがちな車の窓から、俺はおじいさんが日傘をさして歩いているのをしばらくぼんやり見た。バングラデシュでは男が日傘を使っている様子をよく目撃した。彼らの生活習慣も温暖化で変化しているのだろう。

広報の舘さんはバングラデシュ人もロヒンギャたちも共に男性が色とりどりの布を腰に巻いているのに興味を持ち、ＭＳＦバングラデシュＩＳＴ広報のサザードにその名称を聞いた。ルンギと呼ばれる伝統的な布だそうだが、面白いのは着用法の違いだった。

「ルンギの裾をシャツの外に出しているのはバングラデシュの人です。中に入れていたらロヒンギャ」

おそらくそれがほぼ唯一の彼らの見分け方ではないかと思う。その他に目立つ差異はなかったから。

さて渋滞をようやく抜け、キャンプ９にあるバルカリ診療所に向かって南下すると、左に広そうな公園が見えてきた。木々が鬱蒼と繋っているので奥まではわからない。だが入口の看板にはＵＮＨＣＲ（国連難民高等弁務官事務所）とＭＳＦのマークがあった。舘さんによるとパンデミックの際の隔離場所として利用された土地らしかった。

やがて「丘の上の病院」を訪ねた時と同じ、バングラデシュ版トゥクトゥクがひしめく曲がり角になり、バンは右折した。鉄条網の内部がすぐにキャンプ９である。ちなみに「丘の上の病院」はその奥のキャンプ８Ｗだ。

バルカリ診療所はキャンプに入ってほどないところにあった。太い竹を入口に渡してゲートにしており、ドライバーはその根元にいる警備員に何か紙を見せた。それを証明書として一本の竹がはねあがって我々を中へ導いた。

中は大変に広かった。あちこちにレンガが積まれ、赤みを帯びた土を掘り返す人などが工事を続けていた。どうやら大規模な改修が行われているようだった。

水と衛生の課題

渋滞のおかげで少し待ち合わせに遅れてしまった我々は、すでに陽光がきつく降り注ぐ中を急ぎ、ひとつのプレハブに入った。ファンが天井で回っていて涼しい。

そこへひょろりと背の高い金髪の男性が迎えに来た。キット・キャンフィールドという、カナダはバンクーバー出身のスタッフだった。もともとは母国で市の水道局に勤めており、今回初めてＭＳＦに参加したのだという。経歴通り、キットは現地で水と衛生、すなわちＷＡＴＳＡＮ（water and sanitation）部門のマネージャーだった。

バルカリで大きめのバンに乗り換えた我々は元の道に出て、大きなキャンプ群の南端にある（前日訪れたジャムトリはさらに南の、途切れて島状になっている幾つかのキャンプのひとつにある）キャンプ12へ向かった。

そのバンの中でサザードが俺に「窓際に座らない方がいいよ」と言ったのを思い出す。

ひとつ席をずらして座ると、ほんの数分後、太陽の光が窓にもろに当たって窓際の席を熱くするのがわかり、同時にフル回転するクーラーの風が上の方からそのあたりを直撃した。熱さと寒さのダブルパンチに襲われる危険な位置を、サザードは教えてくれていたのだった。

バンの外には広大な野原があり、そこに牛が放牧され、うずらがあちこちを走っていた。マンゴーらしき巨木を囲む森は美しかったが、残念ながら泥の中にたくさんのゴミが廃棄されていた。衛生には明らかに問題があった。

移動の間、キットからの説明があり、これから向かうキャンプ12の十八基の井戸についてはＭＳＦがメンテナンスを請け負っているそうだった。飲料水の供給はＩＯＭ（国際移住機関）が担っているそうだが、生活用水用の井戸はＮＧＯに管理が任されており、メガキャンプ全体ではすさまじい数の井戸のつまりを取る作業が必要になるらしい。

その話を聞いて、俺はコックスバザールのＩＳＴオフィスでインタビューしたアントニーの言葉をすぐに思い出した。「人道支援団体のうち、どこが最も『クソな仕事』を気にせずやるか」というやつだ。答えはＩＣＲＣ（赤十字国際委員会）とＭＳＦ！

キャンプ12に着いたのは出発から二十数分後。中に入っていくと左に上りの階段があり、右は下り道になっていた。でこぼこと丘があるのがそれでわかった。我々はキットを先頭に狭い階段の方へ行き、高台へとひたすらうねうね登っていく。左右はえんえんと小さな家々で、しかし他では見なかった〝屋根農場〟が目立った。木材やカヤのようなもので葺いた屋根にゴーヤやカボチャの蔓をはわせたり、トウガラシを育てて干したりしているのだ。

息を切らせて目的地へ着く。すでに作業を始めていたMSFのスタッフがおり、小さな赤い井戸のメンテナンスをしていた。対面する位置には飲料水の水くみ場があるのだが、貴重なため利用は朝と夕方のみに制限されていた。そのため、洗濯など他の生活用水には井戸が必要だった。

スタッフは我々を手で井戸の方へ招き、持っていた細い円筒の底に「×」の記号が見えるのを示した。それは水の濁り度合いを視認する手段だった。半年間使うことができなかった井戸は深さ九十フィート（約二十七メートル）で詰まっていたのだが、キットたちは一週間かけて圧縮空気を送り続け、そうやって濁りの単位（NTU）で200だった汚水を透明な0にまでしたのだという。

それもひとつの井戸だけではない。七日間で三十五基のメンテナンスをしたのだとキットは淡々と言った。

「まずゴミをフックで吊り上げるんだ。ペットボトル、プラスチック片、木片なんかが出

水の濁り度を測る器具を説明する、水と衛生の専門家キット　© Mohammad Sazzad Hossain/MSF

生活用水用の井戸。１週間かけて透明な水が出るようになった　© Mohammad Sazzad Hossain/MSF

てくる。それから……蛇だね」

これは持ちネタなのか、淡々としているからこそ余計に我々取材班にウケた。

猛暑の中の井戸改修工事

続いて他の井戸へ。

しばらく降りて、分岐した道を右の坂の方へ進み、土と土嚢で固めた急な階段を行く。キャップをかぶった脳天にビカビカの陽光が刺さった。蒸し暑さは尋常ではない。Tシャツはびしょびしょだ（ちなみに『バナナハウス』の部屋に置いてあるピルケースの中の睡眠導入剤は、すでに形もなく崩れていた。そんな湿気は生まれて初めてだ）。

次の現場では現地スタッフが五人ほどいて、直径十センチくらいで長さが四、五メートルあるパイプをそろそろと、同じような直径の井戸の中に下ろしていた。ぎりぎりまで下ろすと、次のパイプとジョイントし、それをまたそろそろ下げる。うっかりすればジョイントが外れたまま、パイプが落下してしまう。その場合どうやって下のパイプを取り戻すのか、俺はおそろしくて質問する気にならなかった。

しばらく猛暑の中で作業を見ていると、何本ものパイプの先に何かが当たったらしかった。話ではどうやら最初のパイプの先にフックが付いていて、それにゴミを引っかけて吊り上げるのだそうだ。

実際、プロのおじさんたちは色めきたっていた。彼らはゆっくりと落ち着いて、パイプを一本ずつ上げ、現われたジョイントを外し、また次のパイプを上げるという、それはそれは気の長い作業に入った。

その間にキットから聞いたのは、その井戸は六年前から水位が下がってしまっていること。また、井戸からの水は洗い物や洗濯に使い、飲み水は地下水をポンプでタンクに吸い上げて塩素消毒、そこからコンクリートで固めた水くみ場に作った六個の蛇口に下ろしていること。それと、キットが率いている現地スタッフは三十人で、半分がロヒンギャ難民であることなどだった。

さて、どのくらい経ったか、何もしないのに暑さで俺はふらふらし、しかしパイプの先のフックに何が掛かっているのかを見たいがために、風通しの悪い家々の間にみんなと共に立ち尽くした。

待って待って待って、おそらく最後らしき、何か印のついているパイプの上端のジョイントを外す時が来た。我々はまさに固唾を呑んだ。現場の第一人者であろうおじさん、つまり親方と、その右腕らしきおじさんも一度目を合わせて気合いを確認してからジョイン

キャンプ内のきつい坂道を登って井戸工事の現場に向かう　© Mohammad Sazzad Hossain/MSF

高台に設けられた井戸の詰まりを直すMSFの作業スタッフ　© Saikat Mojumder

トに金具を近づけた。

その瞬間、パイプがふっと上がった。先の重さが変化したのが俺にもわかった。十数秒ほどだったか祈るような時間があり、そのあとで井戸の奥から「ゴトン」と音がした。吊った何かが落下したのだ。

「おー」

という悲嘆の声と共に、親方は額に手を当てた。右腕らしきおじさんは呆然と目の前の穴を見ていた。絶対に笑ってはいけなかったが、見事なタイミングであることはどうしたって確かだった。俺は必死に手で口を覆い、スタッフたちのそれまでの努力をねぎらうような真剣な目つきをすると、周囲を見てしきりにうなずいてみせた。

最初の道まで戻ると、太陽光パネルを上部に設置したIOMの施設が真正面にあった。ポンプで水を吸い上げて近隣に送っているとのことだった。さらに施設では糞便を汲み取ることも行っており、トイレ自体はキャンプ中で現在七世帯にひとつずつあるとのことだった。それらはまさにWATSANの業務だった。

そのままキャンプ入口まで戻り、バンに乗って移動して、タンクがいくつも建つ糞尿処理施設でさらにスタッフを一人乗せ、我々はバルカリ診療所へ帰った。

その途中で、さっきの丘の上の井戸で奥に落としたものがなんだったのか、スマホに画像が回ってきたのだが、けっこう大きな錆びた器具で、水道工事に使うものらしかった。

舘さんはにやりとして小声で言った。

「水道工事の器具が詰まってるのは本末転倒ですけどね」

まったくその通りだった。


その後、我々はキャンプ住民の生活支援を行うチームのあとについて、キャンプ9から北隣のキャンプ8Eへ歩いていった。といって特に何か見るわけでなく、キャンプ内の様子と各支援団体の役割を知ってもらおうとのことだったようだが、俺はそれを何も知らず、ただただ汗みずくで歩いた。

とはいえ、そこにいたメンバー自身が全員ロヒンギャ難民だと聞けたし、彼らが二十一ものキャンプをカバーしてそれぞれの地域のコミュニティ・リーダーを調べてあることもわかった。メンバーはさらに、前年のWFP（世界食糧計画）の予算カットが厳しく影響してキャンプ内のメンタルヘルスが悪化したこと（食べ物がないことは身体的な衰弱のみを招くのではないのだ）、貧困の中で誘拐によって金稼ぎをする者も増えたこと、水が行き渡らない地域にナイフでの暴力事件が起こったことなどを教えてくれた。

その間、俺は俺で水を飲み切ってしまい、Tシャツの上に着たMSFの綿のベストを脱

店先を借りてひと休み。熱中症の一歩手前だった　© Shumpei Tachi/MSF

いでしまいたいのだが、それは危険を意味するのではばかられ、まるで軽いサウナのような温度と湿気の中をゆらゆら移動した。

おそらく俺は熱中症の一歩手前だったと思うが、まず舘さんが気づいて塩あめをたくさんくれた。サザードは今ではまさかと思われるのだがキャンプ内の雑貨屋のうち、珍しく冷蔵庫で冷やした水を売っている店からペットボトルの水を買ってきてくれた。舘さんはその上、水をかけて絞ると冷えるタオルをくれた。これらがなかったら、俺は途中で動けなくなっていたのではないか。

雨期の終わり、メガキャンプの生活は楽ではないに違いなかった。

教育の機会を奪われて

キャンプ内を見て回る時間を終え、バンでバルカリ診療所に戻ってすっかり復活した俺は、ファンの回る室内で、別のロヒンギャの男性たちで構成されたチームの活動についてさらにくわしく聞いた。

彼らは七つのチームになっており、それぞれ八人で構成されていて、それが七つのキャンプを担当して活動していた。三つのチームがバルカリ、四つがこのあと訪問するクトゥパロン病院を拠点としているとのことだった。

活動内容は、前日も別な場所で見た、健康を啓発するヘルスプロモーション。あるいはファミリープランニング、それから性暴力加害を起こさないように認識を変えさせることなど。朝にチームで集まってミーティングをしてからそれぞれの活動地へ散っていくそうだが、それ以外にも時々患者さん自身や、そのコミュニティ、病院などと連携して会合を持ち、どういったサービスが最も必要なのかを話し合っているのだそうだ。

彼らはみな、二〇一七年にミャンマーから逃げ延びて来た者ばかりだった。そして自分たちの活動に誇りを持っていた。そもそも応募して働いているのである。

彼らロヒンギャ難民のスタッフは、「キャンプ内に暮らすチームメンバー＝CBTM(Camp Based Team Member)」と呼ばれていた。

「僕たちは追われてここに来ました」

中の一人の若い男性がそう言った。

「ですから立場は弱く、常にキャンプ内で変化する状況に合わせて生きていくしかありません。人道的な支援サービスも資金も限られています。難しいことは日々あって、例えば妊婦が産気づいても運ぶ手段がなくて、道で生まれてしまったりします。運ぶ車がないんです。竹を組んだ駕籠《かご》みたいなものに乗せたりしています。ええ、バンビュランスと呼ん

キャンプ内の「健康啓発」を担うチーム。メンバーは皆ロヒンギャ難民だ　© Saikat Mojumder

でますが」

塚本医師のいる病院で、俺もその〝竹の救急車〟、バンビュランスが患者を運ぶのを見ていた。その時はどこか牧歌的だと感じてしまっていたのだが、交通手段があればそれに越したことはないのだった。俺は自分の理解の甘さにヒヤッとした。失礼な話だった。

その他によく覚えているのは、

「僕たちは全キャンプで千のラーニングセンターを持っています。子供たちはそこで学びます。しかし、センターは小学校程度の教育しか出来ません。そこから上の教育制度をロヒンギャは持っていないんです」

という訴えだった。事情は前におおむね聞いていたが、本人たちの言葉となると重みが違った。彼らロヒンギャはミャンマー時代から教育の機会を奪われており、したがって雇用にも恵まれず、豊かな生活を送る権利を失っているのだ。

つまり彼らはメガキャンプに逃げてくる前から、あらかじめ難民であったともいえる。

またＣＢＴＭの彼らはこんなことも強調した。

「世界の支援はウクライナに行き、パレスチナに向いています。ロヒンギャはその度にあと回しになります」

彼らのメガキャンプを「世界最大の〝被差別集落〟」と呼んだ俺自身、この困難の残酷さを改めて認識せざるを得なかった。

その後、我々取材チームだけでキャンプ9内の木造の食堂に行き、チキンカレーと各種つけもの、ライスという組み合わせのランチを摂った。同じ食堂にさっき話を聞いたメンバーも数人、あとから来た。バルカリ診療所関係者の行きつけの場所なのだろう。しかしその食堂の名前が『シャンティ』(平和)であるのは希望をあらわす感動的なことなのか、皮肉めいたことなのか、俺には判断がつかなかった。

キャンプ最大のクトゥパロン病院へ

十四時半、我々はMSFのバンに乗ってキャンプの外に出ると、一般道路を北上して、メガキャンプ内で最も大きく最も古い、北端のクトゥパロン病院に向かった。

そこは地図上、キャンプ2Eに属しているが、その真西のエリアは記号ではなく「クトゥパロン難民キャンプ」とだけ呼ばれている。おそらく最初にキャンプを作り始めた時は、まさかそれが南へ南へと拡大していくとは思わなかったのではないか。それで元からの土地の名を付けたままなのに違いないと俺は思う。

ともかく実際、どこか威厳のある〝最も大きく最も古い〟クトゥパロン病院へ着くと、オーストラリア出身のケイリーン・トムキンズという病院長に会い、まず何を見たいか、何をしたいかと聞かれた。とにかくまずは全体を見せてもらい、何人か出来れば〝ストーリー〟を持った患者にその話を聞ければと、たぶん舘さんとサザードは伝えたと思う。

その間、俺はケイリーンをはじめ女性看護師たちが、青緑色をした土地の衣服のセットアップを着用していてお洒落だと感心していた。ジャムトリの看護師たちも垢抜けていた。ちなみにケイリーンはその上、両腕に花のイラストのタトゥーを入れていてかっこよかった。

彼女の話では、クトゥパロンでは患者の六割がキャンプから来たロヒンギャ難民、四割が地元の人、つまりバングラデシュの人々だそうだった。ロヒンギャ難民だけでなく、現地の人々にも医療サービスをするのは、誰にでも差別なく医療をというMSFの方針ゆえだし、その方針で活動する限り現地に受け入れられるからでもあろう。

やがて全体を見るツアーが始まり、もう定番となった玄関からトリアージ、待合室、床に引かれた四色のラインによって患者を運ぶことなどを確認し、レッドラインに沿って移動して、ER室も見せていただいた。なんと一日に緊急患者が四十人から七十人いるという。さすがに最大の病院である。

外来は一日に二百人から四百人。二十四時間オープンしていて、メガキャンプではMSFとして唯一のレントゲン室も備えていた。さらに非常に興味深かったのは、NGO「ヒューマニティ・アンド・インクルージョン（旧ハンディキャップ・インターナショナル）」（HI）が院内に部屋を持っていたことで、そこではリハビリが専門的に行われていた。MSFで診療をし、HIでリハビリをする。お互いに都合のいい組み合わせを構築しているのだった。これはハイチでも見た気がするが、非常に有効な支援のジョイントである。

さらにケイリーンからは、子供たちのカウンセリングをする部屋を外から示され、ドアの上に何枚もの、児童虐待や児童婚に抗議する絵入りの手書きポスターや、彼らが経験したのであろう不安をあらわす様々な絵の上にSTIGMA（傷跡）と書かれたポスターなどがあった。

子供だけでなく、全世代で年々メンタルヘルスの重要性が高まっているとケイリーンは言った。一年になんと二万三千人、鬱病や不安症、PTSDで苦しむ患者が訪れているとのことで、隣国から逃れてくる時に彼らが経験した虐殺を考えれば、またそのあとでキャンプ内に渦巻く暴力を考えれば当然のことだろう。

ちょうど精神科の海外スタッフが二人通りかかり、サザードと何か冗談を交わして去った。ケイリーンがこう付け足した。

クトゥパロン病院の院長を務めるケイリーン（中央）　© Saikat Mojumder

子供のためのカウンセリング室に貼られた手書きのポスター　©著者

「クトゥパロンは患者への医療を長期で考える病院なので、スタッフのトレーニングも頻繁にしていますし、それが国際標準であることに留意しています。なので今のように国際スタッフもよく訪れるんです」

これは当たり前のようで興味深い考えで、長期医療だから一般的な手法で長く続けるというのでなく、だからこそ常に最先端の技術を導入し続けるというのである。目からウロコの言葉だった。

栄養失調の新生児たち

我々はその後、産前の妊婦、産後の母子の部屋も見た。そこにいる女性看護師は赤に近いピンク色のセットアップを着ていた。特に後者の部屋には生まれたばかりの新生児が八人ばかりいて、母親に抱かれていたり、医療用の台の上の哺育器に入っていたりした。中にはもちろん低体重児たちがいて、よくぞ生まれてきてくれたと言いたくなるようなガリガリの体でじっと目をつぶっていたりした。

俺も現在育てている三歳児が早産で、緊急に帝王切開で取り出され、しばらくの間はNICU（新生児集中治療室）にいたから、まったく他人事ではなかった。ただしクトゥパロンにいる低体重児の多くが栄養失調であり、食糧配給が十分に行き渡っていないことで苦しんでいるのを思うと、乳児を取り巻く状況の違いに胸がしめつけられる思いだった。

隣には五歳未満の子の小児科病棟があり、そこでも何人かの子供がＳＡＭ（重度急性栄養失調）とＭＡＭ（中等度急性栄養失調）に分けられて、ベッドに横たわっていた。五歳ほどになっても急性の栄養失調になってしまうのは、前にも書いたが食糧配給券を売った金で生活せざるを得ない難民の方々を支えるべき支援の行き届き方の問題だ。

我々はその小児科病棟で、アノアラさんという母親に話を聞くことが出来た。三十歳を越えた彼女は現在男二人、女三人の子を持ち、そのうちの一人の男の赤ちゃんがＳＡＭと診断されていた。さらに十二歳の長女も、前日に高熱を出したために連れて来たら肺炎と診断されたそうだった。

アノアラさんはやはり二〇一七年にミャンマーから逃れてきた方で、その時は家族八人だったが、こちらで二人を出産したという。他の施設に通ったこともあるが（妊娠中にデング熱に罹り、ＩＯＭの病院にいた）、今回は病状からクトゥパロンが適切だと言われたようだ。

「今、心配なのはどんなことですか？」

シンプルに聞くと、答えは矢継ぎ早だった。

「私たちはいつ帰れるのか？　子供たちの将来はどうなるのか？　いつまで食糧が支給されるのか？　そして活動を強めるテロリストが増えているからには、ミャンマーに帰ってもまた紛争に巻き込まれるのではないか？」

そしてそのすべての問いに、俺たちはひとつも明確に答えられないのだった。

翌月からはデング熱が猖獗《しょうけつ》するシーズンだった。俺たちの訪問時には二十二床あった小児科の入院ベッドのうち、半分が隔離用だったが、それで足りるかどうか心配だった。なぜなら彼らロヒンギャ難民の子供たちにとって、デング熱はただのデング熱ではないのだ。基本である体に栄養が足りていないのだから。

俺は外で見た、泥だらけで遊んでいる子供たちのことを思い出した。丸々と太っている子など一人もいなかった。あまりに元気で気づかなかったが、彼らは恒常的に飢えているのだった。

第6章 故郷を失った者たちは歌う

キャンプ唯一の母子専門病院

さらに日は経って、六月二十六日。

朝の八時過ぎに宿舎『バナナハウス』を出る我々の頭上には雲ひとつなく、日光は無敵感さえたたえた強さであたりを照らしていた。前日熱中症になりかけた俺は、その晴天に恐怖を覚えた。

珍しくMSFの白いバンではなく、黒い4WDが迎えに来て、我々取材班はゴヤルマラ病院に向かった。そこは二日前に行った、メガキャンプの中でもほぼ南端にある〝途切れて島状になっている〟三つのキャンプから、さらに少し幹線道路を下った場所にあった。

きわめて興味深いのは他のどんな施設とも違い、ゴヤルマラ病院は車道の脇にあって、地図を見る限りキャンプに分類されていないことであった。広報の舘さんによれば、そこはオペレーションセンター・パリ（ＯＣＰ）が運営する別名「母と子の病院」で、つまりあらゆるリプロダクティブ・ヘルス（性と生殖に関する健康）および子供の医療をになう場所なのだそうだった。

宿舎から三十分ほどして、道路の両側にある市場を抜けると右に泥道があった。車が入っていくとすぐに黒っぽい茶色をした扉が見えてきた。これも通常は白地に赤いマークが描かれているというＭＳＦの特徴からは大きく外れたデザインで、俺は驚いた。

しかも中には竹で組んだ建物が多く並んでいた。地域の文化をそのまま受け入れた造りになっているのだ。

入口でカナダ出身のステファニー・ホフマンが待っていてくれた。黒のセットアップを着て、薄青い目を穏やかにこちらに向ける女性で、彼女がつまりゴヤルマラ病院のプロジェクト・コーディネーター（責任者）だった。

またまた面白いことに我々はいったん外に出て、道の向こうへ渡った。つまりそちらが正式なゴヤルマラ病院なのかもしれなかった。レンガ片と土を混ぜて作られた足の下の通路が、二〇二四年の五月に出来たばかりだそうで、その奥に何階建てかの立派なコンクリートの建造物がある。

ゴヤルマラ病院の責任者を務めるカナダ出身のステファニー（中央） © Saikat Mojumder

ゴヤルマラ病院のエントランス。MSFの名はフランス語とともにベンガル語とビルマ語でも表示されている © Saikat Mojumder

建物の床は白とあずき色の市松模様で、我々が登って行く階段はベージュ色に塗られていた。メガキャンプに来て初めてのオシャレなビルである。おまけに壁に小さなテレビモニターがはめ込んであって、そこに「コンドーム使用を勧める啓発ビデオ」が流れていた。最新型の病院と言っていい。

だがステファニーの説明を聞いて、俺のちょっとしたウキウキ気分は潰え去った。

「ゴヤルマラ病院はキャンプの外にあるでしょ。だからこういう恒久的なビルを建てていいのね。逆に言うとキャンプでは一時的なものしか造ってはいけないから」

事実、ステファニーに導かれて屋上から美しい田園、バナナの樹、水牛などを眺めやると、向こうにキャンプ16が見え、そこには恒久的でない、つまり仮設でしかない民家がぎっしりと詰まっていた。

もうひとつステファニーから聞いたゴヤルマラ病院の特徴は、他の病院にも増してバングラデシュ人に医療を提供することで、それは難民が流入している土地の中で現地からの承認を得る手段でもあるはずだった。そのために象徴的に「母と子の病院」がキャンプの外に飛び出しているのだ。

「だからここはね、誰であろうと赤ん坊を抱いていれば二十四時間入ってこられるし、時々は裏道を通って近くのキャンプのお母さんも訪ねてくる。母子専門はメガキャンプでも唯一だし、もうよそでも見ただろうけどTBA（トラディショナル・バース・アテンダント＝伝統的産婆）が手伝ってくれていて安心感も強いはずだから」

ロヒンギャ難民のことになるとステファニーの話の内容は過酷なのだが、目の前の水田に水牛がいて、その周囲の森が青々と繁っていると、どうしても頭の中が混乱した。それだけでなく屋上には竹で作った休憩所のようなものがあり、風が吹き抜けている。

そのリゾート感さえあるミーティングルームで、我々は聞き取りを続けた。

例えば「ロヒンギャは帝王切開を嫌がるが、バングラデシュ人は望む」という話も興味深かったし、小児科だと受診者の内訳はロヒンギャが七十五％でバングラデシュ人が二十五％なのだが（ロヒンギャに提供される小児への医療は、ゴヤルマラ病院で専門化されている）、産科になると三十％と七十％と逆転する話（いざ生まれるとなれば急いで近くの病院を選ぶわけだ。キャンプはあまりに広いから）もリアルだった。

さらに、ゴヤルマラに来る患者は一ヵ月に四千四百人。残念なことだが、妊産婦だけでなく、性暴力被害者も後を絶たないそうだ。

話を聞き終えてビルの中を少し見させてもらうと、壁が水色やピンクのしっくい塗りだったり、外にある竹で組んだ建物も窓枠だけはティファニーブルーだったり、お母さん方が憧れそうな造りになっているのが優しいと思ったし、ステファニーの好みも反映しているのかもしれないと思った。

新生児集中治療室で

いったん我々は病院から泥道に出て、少し離れたところにある緑色のトタンに囲まれた場所へ移動した。中に入っていくと、すぐ左に洗面所があり、そこで我々もみな手を洗った。まだ完成前ではあったが、そこは竹で組まれた小児のＩＣＵ（集中治療室）で、ベッドは二十五床あった。

もともとは二〇一七年の難民流入のピーク時に作られ、ジフテリアの感染が拡大したがゆえに隔離にも使われたらしい。緊急治療室として、二十四時間、老若男女問わずそこで治療が続けられたのだそうだった。

そもその成り立ちがそうだからか、ＩＣＵはこれまで様々な国で見た中でもおそらく最も広かった。その時詰めていた医師は二人、看護師は四人。治療は取材中にも行われていたから、数人のスタッフの向こうでメスや鉗子の音が鳴り、乳児の泣き声がした。

別の場所へ移ると、そこは小児入院病棟で、その奥が「ＩＴＦＣ（入院栄養治療センター）」。むろん栄養失調だけでなく、合併症も診ていく。そこはひとつの変調も見逃せない現場だった。

その他に我々は「NICU（新生児集中治療室）」も見せてもらった。キャンプ唯一のNICUとして、どこよりも快適な温度に管理された広々とした部屋には、生後三十日以内の子供たちがあちこちにおり、彼らが横になっているのがベッドであれ哺育器であれ、必ず母親がそばに付き添っていた。

前にも書いた通り、人工授精で生まれた自分の子供が早産だったから、俺は様々な機械音を懐かしくも思ったし、その機械音が唯一子供の生命の存続をあらわしていることの緊張と不安、音の継続への祈りを切実に感じた。

中には哺育器の中で青いライトを浴びる新生児もおり、そのうちの一人があまりに小さく生まれているのが痛ましかったし、丁寧に世話をしている母親の姿は胸に迫った。

その子のそばから聞こえる機械音が血液中の酸素濃度、心拍、血流の具合を示すことをむろん俺はよく知っていた。音は途切れず鳴った。

がんばれー！

俺はそう言うしかなかった。

敷地には他にも産後の経過観察室や、分娩室があり、後者では妊婦に運動をさせているのがわかった。つわりの合間なのだろうか。ともかくゴヤルマラ病院では月に九十件の分

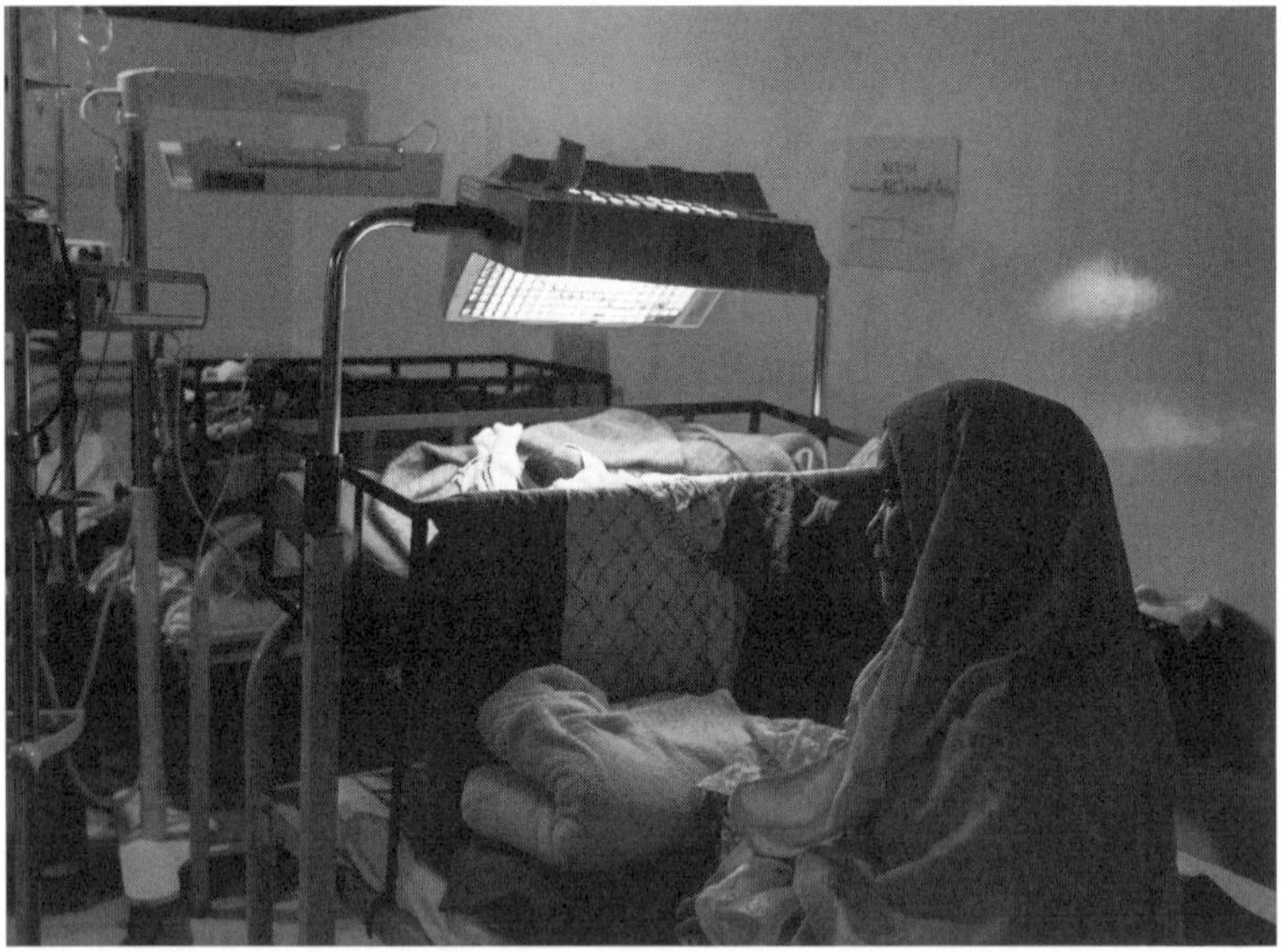

ゴヤルマラ病院の新生児集中治療室　© Saikat Mojumder

娩があるそうで、つまりここだけで一日に三人が生まれているのだった。

銃を持ったギャングスタに脅されて

また泥道を歩いて元の場所へ戻ると、一階建ての建物の大部屋に通された。ファンが複数回ってもなお蒸し暑い部屋には八人ほどのロヒンギャの男性たちがテーブルを囲んで待っていて、全員がHP（ヘルスプロモーション）チームのメンバーだった。つまりキャンプ内で啓発活動をしているのだが、中にはロヒンギャたちに献血を募り、いつでも必要な血液を病院に運べるよう提供者の情報をリストアップしている者もいた。

その一人が背の小さい、しかしエネルギッシュにしゃべるアヌワル・イスラムで、彼はチームのリーダーであり、メガキャンプには二〇一七年八月にたどり着いたのだそうだった。くわしく聞けば、その日は朝に家族とラカイン州の家を出て、ボートで川を渡って夜八時にバングラデシュに着いたという。そして取材時に至る約七年の間に、子供が三人生まれていた。

だが彼の話したいのはそんなことではなかった。二〇二三年の九月、銃を持ったギャングスタが十代の若い妹を嫁によこせと言ってきたのだ、とアヌワルは言った。すでに男には妻がいたので断ると、そいつは妹とアヌワルを殺すと脅迫してきた。アヌワルの母親はその娘ともう一人の娘をバングラデシュ国内に住む知人の元へ逃がした。

するとと男は、アヌワルの三人目の妹にも接近してきた。恐ろしくなった妹はギャングスタから逃れるため、家族に無断で密入国斡旋業者を頼ってミャンマーに渡り、そこからタイを経由してマレーシアのロヒンギャ難民の集団に合流すると、一人の男性と知りあって結婚をした。ただし法律で認めてもらったのでもなかった。もともとミャンマーにいる時からロヒンギャに国籍はなく、婚姻の手続きをすることは難しいのだから。

したがって妹はマレーシア当局から不法入国とされ、逮捕され拘留された。今もそのままなのだとアヌワルは言った。ロヒンギャに生きる権利が与えられていないがゆえの酷い話だった。

またアヌワル自身もギャングスタの報復を恐れて、キャンプ内の家で暮らすことができなくなり、ＵＮＨＣＲ（国連難民高等弁務官事務所）に相談したが、解決には至っていない。結果、九ヵ月間、落ち着く先のない状態のままで、先日、第三国定住を申請したそうだが、まだ回答はないのだという。

ギャングスタの身元（グループ名）も聞いたし、それがどこのキャンプを仕切っているかも話してくれたが、それをここに書いてもしかたがない。ギャング集団が検挙されるよ

健康啓発チームのリーダーを務めるアヌワル。壮絶な経験を聞かせてくれた　© Saikat Mojumder

り、アヌワルの身に危険が及ぶ確率の方がどうしたって高いだろう。

彼以外のメンバーたちの証言も聞いたが、キャンプ内に根付くギャング集団はサウジアラビアやタイにもネットワークを持つといわれ、そうした〝組〟がメガキャンプの中に十から十二ほど存在しているという話だった。ひとつかふたつのキャンプに、ひとつの暴力組織があるような状態なのだ。

「ロヒンギャ同士の争いは悲しい」

メンバーの一人はそう言った。

ギャングスタ以外の政治的な武装勢力についても聞いてみたが、そちらに関してはＨＰチームにくわしい者はいないようだった。少なくとも誰もそのことを語ろうとはしなかったと言うべきだろうか。

無言が続き、ひたすらファンの回る音が室内に響くだけだった。

ムスタファ少年の涙

我々はそこから入院棟へと移り、患者たちの様子を取材した。

すぐに目についたのはあばらの浮き出た、腕も足もガリガリに痩せた少年で、ベッド脇にはがっしりした肉体の若い父親がいて、少年を守るように右腕で抱えていた。しかもその父親がギリシア彫刻というか、インドのガンダーラ仏像のように整った容貌で、室内でひときわ目立っていた。

そもそもこうした入院患者の場合、アジアのみならずハイチでもアフリカでも男性が付き添っていること自体が非常に珍しい。いったい何があったのか教えて欲しかった。話を聞かせてもらえることになって、父親の名はサイドゥ・イスラムであり、三十一歳だとわかった。子供は二人目で、病気の子供ムスタファ・ヌルは九歳と答えてくれたと記憶する。

ムスタファは六歳まで健康だったが、急に腎臓に問題を抱えておなかに腫瘍が出来てしまったのだという。しかも母親も病に倒れて家で療養をしており、とても少年の付き添いが出来る状況ではなかった。

クトゥパロン病院に三年通ったが、治癒には結びつかず、ゴヤルマラ病院に転院して三日目なのだと父サイドゥは小さな声で言った。四人家族の誰も働けず、彼は配給の食糧券二人分を売って現金にし、そうやって一日中、息子に付き添っているのだった。

自然に泣けてくると思っていたら、俺より先に、そこだけをぎょろぎょろと動かしているムスタファ少年の瞳から涙があふれるのがわかった。父親が何を話しているかを聞き、

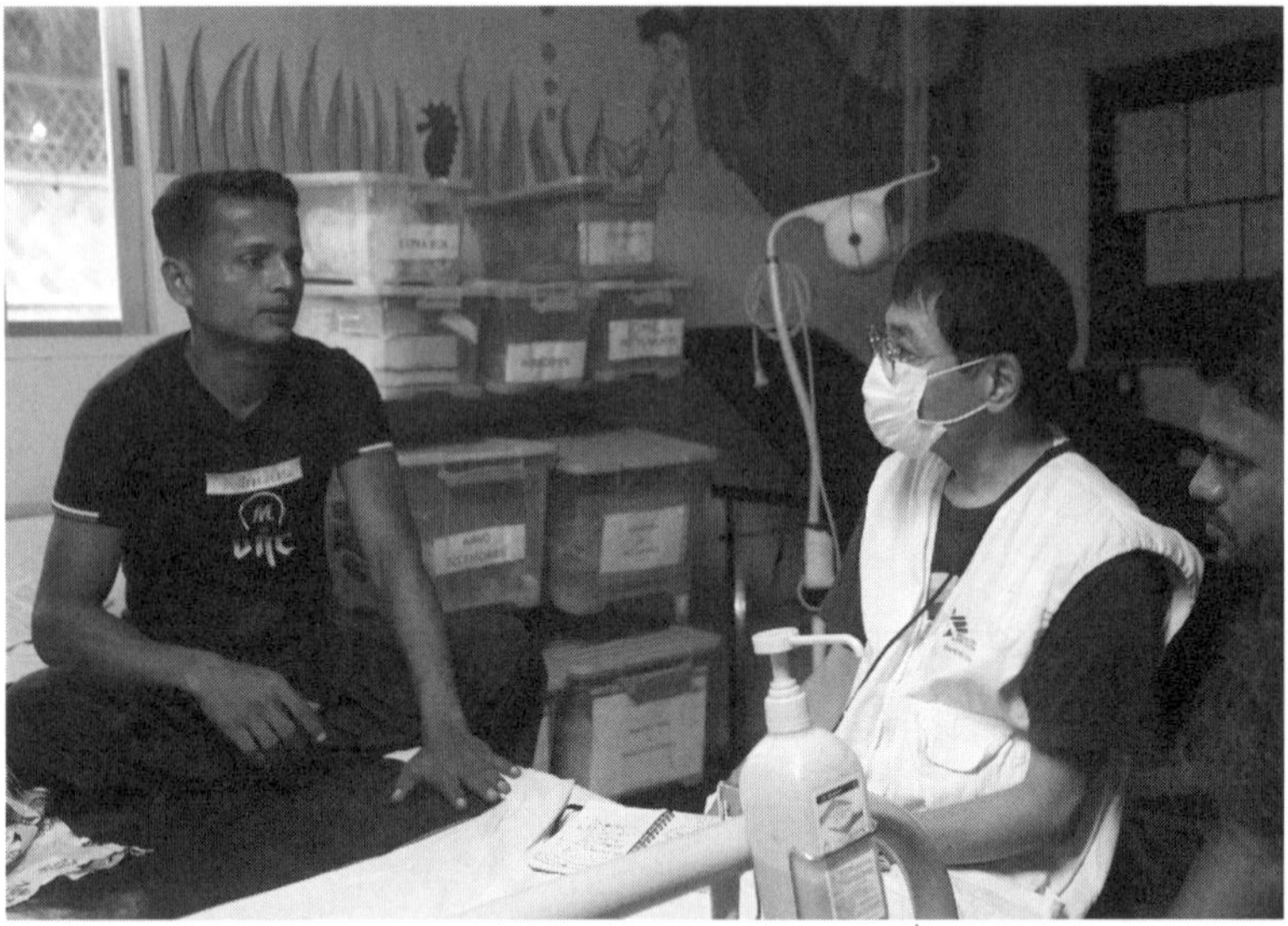

入院中の息子に付き添う父サイドゥさん　© Saikat Mojumder

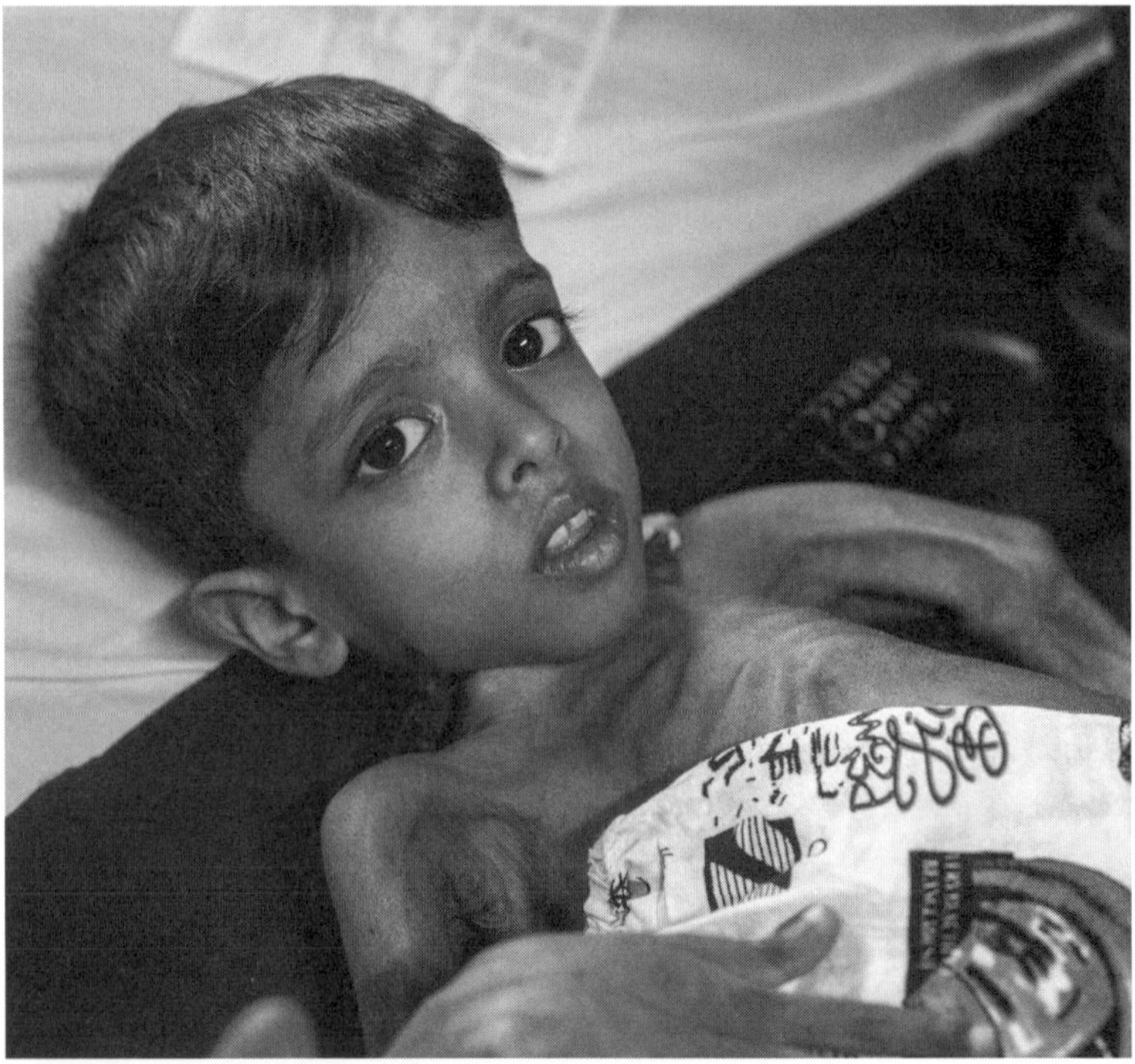

完治は難しいといわれた息子ムスタファ　© Saikat Mojumder

ましてや現在のところ国外にでも行かない限り助かりようがないと、そこまで話されずとも理解したのかもしれなかった。俺はそれ以上、ムスタファを見ていることがつらかったが、だからといって目をそらすことが彼に対して正しいとも思えず、じっと少年の涙を見た。

部屋には他にも泣き声をあげている乳幼児がいた。栄養失調が多いようだった。やがてそちらに顔を向けて、ムスタファから目を離した俺に、主治医のモハメッド・ゴラムが後ろからささやいた。

「彼はくる病で、合併症も起こしていて全身の骨が傷んでいます。ここまでくると治すことは不可能で、ビタミンD不足を補いつつ、痛みの緩和をする以外ありません」

ムスタファに視線を戻すことが出来ず、俺はじっと部屋の中の幼い者たち、忙しく働く看護師たち、付き添いの母親たちを見やった。ムスタファも父親サイドゥも追いつめられていた。せめて痛みの少ないことを、俺には祈るしかなかった。

闇マーケットに重なる日本の光景

十二時半、我々はゴヤルマラ病院を出て少し移動し、道端に広がる生活用品の店を幾つか見た。デイパックや洗剤や中には子供のドレスまである。

だが広報のサザードから事情を聞き、そのマーケットが通常のものでないとわかった。そこはあらゆる人道支援団体から流出した物品を売っている、いわば「闇マーケット」なのであった。そう聞いてさっき見たデイパックの前に戻ると、背面には確かに『Save the Children』とロゴがあった。他にもユニセフやＮＲＣ（ノルウェーの難民支援団体）のデイパックが、まるでブランド品のように並べて売られており、中にはどういうわけか手術用の鉗子が容れ物に詰められていたりもした。

店は道路から離れても奥へ奥へと続いており、しかし危険な感じはしなかった。みなのんびりと店を広げている。ちなみに、カメラマンのシャイカットは素早く「小さな太陽光パネルとＬＥＤライトの組み合わせ」を日本円にすれば千七百円程で見つけ、買う気満々になった。俺自身も取材ノートに文字を書きつけていたボールペンがかすれてきており、緊急に新しいものが必要でそれを必死で探した。非合法だというのに、これじゃ普通に買い物じゃないか！

ぐるぐる闇市場を回るうち、上野のそばに住んでいたこともある俺は当然ながら、戦後の日本にも同じようなマーケットが並んでいた雰囲気を、実感として理解した。駐留米軍から流れてくる品物がありがたがられ、アメ横で売られていたその名残は未だに別の国に存在しているのだ。

キャンプのすぐ外にある「闇マーケット」。戦後の日本の風景にも似た市場だ　© Saikat Mojumder

気づくと、知能の発育が遅れているらしい、イガグリ頭の十歳以下に思える少女がふらふらついてきており、我々のまわりであれを買え、これを買え、あるいは金をくれないかと指で示し続けた。店に詰める男性たちは小さな声で彼女を叱責し、奥へ戻るように言うのだが、少女はおかまいなしだった。失礼な話だが、俺はかつての唐十郎の状況劇場が作り出していた戦後闇市の場面の、登場人物の一人になってしまったような錯覚に襲われながら、少女の片言を聞き続けた。

また、道路に戻って反対側に渡るとそちらはバングラデシュの市場だった。流出品はないが、しかし売り物を入れて並べているカゴはＵＮＨＣＲのものだった。やっていることは紙一重なのだった。ロヒンギャもバングラデシュ人も、人道支援団体によって運び込まれる物資の恩恵を受けているのだ。

十三時、我々はやがてキャンプ16に引き返し、移動のバンを待った。ＭＳＦの前には相も変わらず子供がびっしりいた。ふと俺は、その子供たちのほとんどが七年前の難民流入を知らないのだと気づいた。

自分たちがなぜどうやってキャンプに閉じこめられるに到ったか、それを知る者はすさまじいスピードでいなくなっていき、ただただ理不尽な状態だけが残る。それを改善しようにも、旧来のロヒンギャを彼らは知らず、その旧来さえそもそも理不尽で、しかも教育の機会もないのだから、生まれ来る者たちの未来はか細く薄暗いのではないか。

明るい子供らの笑顔がかえって俺には複雑で厳しく感じられたのも当然だろうと思う。


バンに乗って十分ほど北へ上がっていき、何度も通った狭い出入口からキャンプ８Ｅに入って、そのまま８Ｗの『ＨｏＨ（丘の上の病院）』へ向かった。院内に入ってしばし責任者のモライヤを待ち、ついてきてもらう形で我々は病院近くの塔へ移動した。

緑色のフェンスに囲まれた三階建ての小さな塔は、赤茶と白に塗られ、柵越しに外から見えるようになっている。他は竹で組まれた恒久性を持たない建造物だらけだから、丘の上に造られた施設はよく目立った。

国連事務総長であった潘基文氏が職を辞したあと、ロヒンギャのメガキャンプに視察に来た際に建てられたのがその塔なのだそうだった。

実際、最上階からは三百六十度、キャンプ群が見渡せた。森があり、時に人工の池も見えたし、遠くに見える山並みはミャンマーの領土であり、北のクトゥパロン方面の山脈は国境になっているそうだった。

「前はまるでなんにもなかったんだけど、今はどこまでも森林になってる」

モライヤはそう言った。くわしく言えば、一度建設ラッシュで木々が切られ尽くし、荒野のようなところに象が現われたりしていたのだが、それを急ピッチの植樹で現在の緑豊かな景観に変えているのであった。とにもかくにもバングラデシュの自然は、変化への適応が早いのである。

俺はぐるぐると何回か全体を見回し、

「それにしても広いキャンプだな」

と言った。するとサザードはシリアスな表情で言葉を返した。

「百万人も住んでいると思えば狭いよ」

ロヒンギャ文化のメモリー・センター

続いて我々は十分も歩かない距離にあるという『ロヒンギャ・カルチュラル・メモリー・センター』に向かった。ロヒンギャ文化を記憶するための国連の作った施設である。狭めの道を行くと、すぐに右側に竹筒を組んで造った橋があらわれ、下に流れる雨水の中で例によって子供たちが遊んでいた。あたりには竹の皮と支給品のビニールテントの生地を組み合わせて建てた古い家が多い。

途中、竹造りの実に小さな四角いお菓子屋があり、ビスケットやスナックの小袋がびっしりと壁に下がっていた。売っているのは一人のおじさんで、店の中にはプラスチックの小テーブルと幾つかの椅子があった。

その日のランチはそこの菓子だったので、選びに選んで三袋ほど食べたが、味の違いは正直よくわからなかったし、さして腹が満ちたわけでもなかった。

お菓子屋を出て土嚢を並べた道を歩き、続いて出現したレンガを敷いた細道から階段を上がっていくと、そこにセンターはあった。数人のスタッフが待ち受けてくれている。担当はＩＯＭ（国際移住機関）の連中だ。

施設自体が竹で組んであるが、他の家々と違って大きな建造物だった。ミャンマーではそのくらいの立派な家をロヒンギャたちは所有していたのだろう。面白いことに、門の上から呪術めいた切り方で形を作られた色とりどりの紙が下がっていて、それは日本の東北や中国の寺で見たことのあるものだった。ロヒンギャはほぼイスラム教徒だが、アジアの仏教文化とのつながりは興味深かった。

ＩＯＭのスタッフのトップらしき男性が説明してくれたところによると、本来の土地から引きはがされ、移った場所で祭式が行われるわけでもないロヒンギャ難民たちにとって、そこだけが心の救いなのだそうだった。

メモリー・センターにはかつてのロヒンギャの立派な建物の模型がいくつも再現して置

かれ、ミニチュアながらモスクも展示されていた。

奥のエリアに行けば竹と木で出来た民具があり、おそらくロヒンギャのスタッフだろう、一人のおじさんがそれら民具を動かして精米のパフォーマンスをしてくれた。難民キャンプで生まれ育った子供たちにしてみれば、そのパフォーマンスでしか自分たちのアイデンティティを知ることができないのだった。

漁具や米を炊く器具などを見、生活のあれこれの場面を小さな箱の中に再現した「カルチャー・ボックス」があるのを見て、自分が大影響を受けた非芸術家マルセル・デュシャンの『グリーン・ボックス』（作品のメモなどを入れてある）などを思い出していると、ふいに強い虚無感に襲われ、あるひとつの刺繡作品の近くのベンチに座り込んでしまった。

何を見てもほとんどがミニチュアに過ぎなかった。かつて本物の中で生活していた人々はより深く傷つきはしないかと俺は思った。ロヒンギャは長い歴史から引き離され、自分たちらしさを伝えるものを手元に何も残されていなかった。そしてそのまま小屋のような家々で文化の手触りを失い続けている。

俺がその前で脱力してしまった刺繡作品は、ロヒンギャの手法で編まれたという大きめの一枚の布だった。多彩な色の糸でメガキャンプの地図が縫われており、それぞれのキャンプに象徴的な特徴らしきものがあらわされていてかわいらしく、『キャンプ・ライフ』

『ロヒンギャ・カルチュラル・メモリー・センター』に展示された伝統工芸品やミニチュア模型
© Mohammad Sazzad Hossain/MSF

『キャンプ・ライフ』と題された刺繡作品を見る　© Saikat Mojumder

とタイトルが付けられていた。

それが唯一、いたしかたなく移動してきた難民が自らの持つ文化によって、目の前の世界を創り直した物質だった。その他は伝統の重みをなくしたレプリカだった。

しかしむろん『キャンプ・ライフ』とて、ロヒンギャが喜びに満ちて作り出したものとは言えなかった。作り手はかつての季節のすべて、山並みや川べりの美しさ、信仰から生み出される踊りや音楽を縫い取りたかったろう。難民キャンプのテリトリーをくわしく知らせるそのユーモアは、決して強いられたものではないにせよ、作り手の全能感とは遠く隔たっているだろうことを、俺は強く感じた。

ただ、その皮肉で切ない表現の中にも、矛盾ではあれトラディショナルが持つ強さを感じたのも事実だった。ひとつずつのキャンプを示す事象のデザインのキュートさに、もともとロヒンギャが持ち、奪われることのない明るさがほの見えてもいた。

じきにサザードが俺の異変に気づき、すっと近づいてきて「大丈夫？」と聞いた。やさしいやつだ。俺は大丈夫と答えたが、自らの文化そのものをぽっかりと失った難民たちの大丈夫でなさは、めまいが続くほど重大だった。

演奏家たちが歌に込めた訴え

施設の壁に沿って低い台がしつらえられていて、そこに三人の演奏家が座っているのは最初から見えていた。左に老婆、右に壮年女性がいて両面太鼓と小さな鉦《しょう》を持ち、中央は若めの、おそらく性を超えた女性で、弦楽器を抱えてボーカルを担当するらしかった。我々が彼女らの前あたりに着くと、おもむろに歌が始まった。

「ロヒンギャ、ロヒンギャ」と繰り返す部分が、ロマ音楽めいた旋律の上で物悲しく響き始めた。サザードの説明だと、それは決して古い歌ではなく、二〇一七年のことを詞にしているのだそうだった。つまり世界最大級の被差別民族が、つい最近受けた殺戮と避難を背景に古典音楽を演奏しているのだった。あり得べき伝統の姿だった。

それこそが『ロヒンギャ・カルチュラル・メモリー・センター』最高の展示だと俺は思った。失ったもの、奪われたものを、今の今、彼女らは歌い上げている。俺はおかげで体調を戻した。そこには皮肉などない。心からの訴えがあるのみなのだ。

しばしその哀切に体を預けたのち、演奏終わりで思わず彼女らの近くへ行って拍手をした。そして俺は左側に位置する老婆がパフォーマンスでは使わなかったハーモニウム（置く形のアコーディオンのようなもの）を指さし、その楽器の音がこの上もなく好きであることを伝えようとした。

するとすかさず、老婆はハーモニウムを奏で、自分で朗唱をし始めた。歌詞の意味はまるでわからない。だがその素早い始まりは彼女に歌いたいことがあることを、強く示した。それは少なくとも喜びのあらわれではなかったろう。幸福であった自分たちのこと、あるいは幸福でない自分たちのことに違いなかった。

短く歌い終え、再び俺の拍手を受けて、老婆は嘆くような表情で頭を下げた。俺も心をこめてそうした。

後ろ髪を引かれる思いで出口に向かう俺に、施設の男性がこう言った。

「二〇一八年から二〇二〇年にかけての調査で、ロヒンギャ難民の半分がアイデンティティの危機を訴えました。だから我々はこのプロジェクトを始めたんです。ロヒンギャのメンタルヘルスのために」

つまりどうにかしなければという切迫した思いで、彼らは急いでそれを始めたのだった。いい加減なお役所仕事ではない。なんとかしたいが、限りある予算の中ではとれる方法も少ない。だが、さっきの歌はもっと多くのロヒンギャの前で披露してもらいたいと思った。大人数が集まることは避けられてしまうのだろうが、心の穴は確実に埋められる。

それが音楽の力であり、言葉の効能だ。

故郷を失うことはロヒンギャに限らず誰にもある。だからこそ私たちは彼ら故郷喪失者の日々の憂いに共感出来るのではないか。

ローカルコーラのパレスチナ支援

一度『バナナハウス』の近くまで帰り、最近バングラデシュで流行しているらしいオシャレなカフェでアイスレモネードを飲み、クルミとあんこで出来た菓子を食べた。映像担当のシャイカットは毎日来ているらしいし、『バナナハウス』滞在初日に顔を合わせた、あのオランダ人とインド人スタッフもあとから来た。たいした混みようであった。

内装は驚くほどきれいで、入口にバナナの樹が天を衝いていた。南国のスタイリッシュさだ。ただし店の真ん前を流れる側溝には大量のゴミが溜まっていた。そのバランスが発展途上の国々でよく見る不思議さだった。

歩いて宿舎に戻って休み、十八時に「丘の上の病院」の塚本裕医師と待ち合わせて食事に出かけた。バンでずいぶん南へ行き、人ごみをかきわけて繁華街の中の雑居ビルに入る。そこがさまざまな多国籍料理を出す店らしかった。

こういう時、ＭＳＦは無駄遣いをしない。それぞれがワンプレート頼み、何か全員でつまめるおかずを一品、そしてドリンクを選ぶくらいが常だ。塚本さんにすれば給料から支払うわけだし、もし日本の広報が取材へのお礼としておごるにしても、それは世界中の人からのチャリティでまかなわれるからだ。

あれこれとキャンプでの医療の難しさなどうかがい、あるいは笑い話をし、楽しい時間を我々は過ごした。最後に何かもう一杯飲んで終わろうという時、舘さんがコーラはあるかと店主に聞いた。

店主は首を横に振った。俺は俺でガザへの軍事行動を支援していると思われる企業へのボイコットとして、例のでかい会社のコーラを飲まないことにしていたから、なくてよかったと思った。

だが、サザードがこう言った。

「ローカルコーラならあると思います」

そして店主に何か言うと、すぐにペットボトルが出てきた。「Ｍｏｊｏ」というロゴが入ったコーラだった。

「ここ、ほら見てください」

サザードに促されて目をやると、ペットボトルにはパレスチナを象徴する三色で塗られ

現地広報スタッフのサザードと最終日の夕食　© Shumpei Tachi/MSF

パレスチナへの連帯を示す現地のコーラ　© Shumpei Tachi/MSF

た拳が天に向かっており、「一本飲むと一タカ」がパレスチナに寄付されるとあった。一タカは一円半弱だ。

「Ｍｏｊｏはバングラデシュを代表するような、すごく大きな企業の人気商品です」

のちに空港で時間をつぶしている時にも、巨大モニターに何度となく派手な映像でＭｏｊｏのＣＭが流されていた（そこに寄付のことは映っていなかったけれど）。そうした大企業がガザ、西岸地区への支援をしていることに、正直俺は驚いた。世界がそんな風に動いているとは……。少なくとも日本の報道には載らない情報ではないか。

サザードはさらに自分のスマホを我々に見せた。

「これはアンマンの空港で撮りました」

見ればスターバックスのコーヒーのフタが写っている。ＱＲコードが打たれていた。

「ここに飛ぶと」

サザードは別のスマホでだったか、実際にリンクをたどった。するとそこになんと、パレスチナを支援する団体のホームページが出てきたのである。

それはパレスチナへの攻撃に対するイスラム圏の抵抗から生じているに違いなかった。巨大な経済圏がボイコットをしており、いくら大企業でもそれに対応しないわけにはいかない。それが今現在のイスラム世界の状況なのだ。単に西の資本主義が圧勝しているわけではないのである。

雑居ビルの下の泥道には、あちこち壊れたバングラデシュ版トゥクトゥクが走り、その間を縫って豊かには見えない服装の男たちが歩き回っていた。だが彼らに意見がないわけではない。少なくともバングラデシュは川を渡って逃れてきたロヒンギャを受け入れ、決して簡単ではない未来を作ろうとしている。そこには反対もあるだろう。また賛意も多いはずだ。さて彼らはどちらへ進むのか。

夜の灯の中をエネルギッシュに移動するバングラデシュ人が、この後起こる政変ののちの新しい民主主義をどう形作っていくか、その夜の俺はまだそこまでは知らずにいたのだけれど、それでも苦難だらけのメガキャンプのあるバングラデシュの明日明後日を、俺は注意深く見ていたいと思ったものだった。

アントニーからのメッセージ

翌日は休日であり、我々が『バナナハウス』を出る日でもあった。空港へ向かうバンに乗る用意をしていると、プロジェクト・コーディネーターのエリックが出てきてくれて、

「満足出来たかい？」

と聞いてくれた。

「はい。この状況を伝えたら、日本の人々はとても驚くでしょう」

エリックはうれしそうにうなずいた。

バンの中には休日を長めに取って、日本へ観光に行くという若いスウェーデン人医師がいた。数年前なら別の国へ行っていただろう。世界の中での日本のありかたが変わっていることも今回の取材での収穫だった。むろん円安は大きく作用しているに違いない。

さて難民キャンプに別れを告げた我々は、コックスバザールの事務所で最後にＭＳＦバングラデシュ副代表のアントニーに会った。そこで情報交換するのがＭＳＦの流儀だった。

「どうだった？　セックスワーカーの増加のことは調べたかい？　Ｃ型肝炎もまた増えたと聞いているがどう？」

アントニーは矢継ぎ早に質問した。我々は我々で見てきたことのうちの幾つかの印象深い事象、疑問などを短く話した。

アドボカシーも務めてきたアントニーは、日本はミャンマーともバングラデシュともつながりが深いので、政府と国民の意識を高めることが出来たなら、難民の立場も変わっていくんじゃないかなど、俺たちへのメッセージもくれた。

こうしてひとまず彼との情報交換も終わって、ふと沈黙が流れたあとだった。アントニーはいきなりこう言った。

「セイコー、どうやら君は日本でヒップホップに携わってるらしいが、ほんとかな？」

ネットで検索でもしたのだろうか。俺は思わず吹き出しながら、それを肯定した。するとアントニーは両手を広げてこう叫んだ。

「そいつはクソやばいな！」


そういうわけで短い期間ではあったが、我が国であまり話題にならない、しかしアジアにとってきわめて重要な課題であるミャンマーでのロヒンギャへの過酷な暴力、それによるバングラデシュへの避難を、「国境なき医師団」がどのように把握し、医療を届け、傷害や殺戮に反対しているかを取材し、お届けした。

アントニーも最後に強調したように、ミャンマーにとってもバングラデシュにとっても、日本の支援がとても大きい。企業の進出も目立っている。ひとつ何かの情勢変化があれば、私たち日本が彼ら難民を受け入れるべきだという世界の主張だって起こり得る。

そもそも第二次大戦において日本はミャンマー、つまり旧ビルマのイギリスからの独立を支援するような形で暗躍したが、結果全土で日本の支配への抵抗運動が起こった。あくまでその支配に対する賠償として、現在に続くミャンマーへの資金援助が考えられる以上、日本人にとってメガキャンプの問題はまったく他人事ではないのだ。私たちが現在の混迷の根源に関与している可能性さえあるのだから。

もう一度言う。

ロヒンギャの苦難、ミャンマー国軍の暴力はまったく他人事ではない。

補足

二〇二四年六月のロヒンギャ難民キャンプ取材から帰国し、右のレポートを書く間に、バングラデシュで政変が起きた。その結果、ミャンマー国内でまたロヒンギャへの攻撃があり、新たな難民がキャンプへと逃げ込まざるを得なくなるなどの事態も生じた。

本文がなるべく「今」に近くあるように連載時にはさみ込んだ「緊急補足」のいくつかをここに置いておく。

【二〇二四年八月六日】

バングラデシュで学生らのデモから始まってやがて政変が起こり、シェイク・ハシナ首相が国外へ脱出して暫定政権の樹立が発表された。昨日八月五日のことである。

直後、「国境なき医師団」（略称ＭＳＦ）の舘さんから、同日に隣国ミャンマーでロヒンギャへの大規模攻撃があったらしいと非公式情報が入った。

本文レポートはそれら大きな動きのほぼ一ヵ月前、六月三十日から書き始めたもので、発表した文章からはバングラデシュでの移動の細かい部分が省略されているのだが、実は俺と舘さんは巨大なロヒンギャ難民キャンプのあるコックスバザール県（バングラデシュ南東部）へ到着する前に、首都ダッカにある施設で長めのトランジット時間をやり過ごし、周囲を散策などした。

その時に、何か大きな変化が起こっているような予感はまるでなかった。空港を含め市街はのんびりしていると我々は思い込んでいたのだが、すでに反政府デモや弾圧は存在していたのだろう。

ともかく、ここに報告された難民キャンプ内のロヒンギャたちが今後どうなるのか。自分の興味はそこに尽きる。けれども日本の報道がそこに及ぶとは思えない。ミャンマー同様、バングラデシュに対して日本は最大級の援助を行い続けているにもかかわらず。となれば我々はやはり「国境なき医師団」の「証言活動（問題を抱えた地域の代弁をする）」として、ＳＮＳなどのネットに発表される具体的なレポートに頼るしかない。

そうした情報を正確に理解するための基本知識として、俺の取材が役立つことを願う。

【二〇二四年八月十三日】

「ロヒンギャへの大規模攻撃」と右の補足に書いたが、詳しい情報が複数、ＭＳＦから届いている。

「八月四日から七日にかけて、バングラデシュの『国境なき医師団』は三十九人を治療。そのうち四十%以上が女性と子どもで、多くは爆撃や銃によるけがを負っていました。MSFスタッフによると、これほどの規模の重傷者を見たのは一年ぶりとのことです」

「患者さんに話を聞くと、国境の川を渡るためボートを探している間に爆撃を受けた人や、川岸で何百もの死体を見た人がいると言います。また多くの人が、避難の途中で家族と生き別れたり殺害されたりしたと証言しました」

これらはすべてラカイン州を拠点とする、仏教系武装組織アラカン軍（AA）のドローン攻撃による被害だと思われる。少なくともSNSではそうした状況を伝える詳細な画像付きの投稿を見ることが出来る。

【二〇二四年九月十八日】

八月の政変後、貧しい人たちへの融資を実現する「グラミン銀行」の創設者にして、ノーベル平和賞受賞者のムハマド・ユヌス氏が政権の最高顧問に就任するという英断があり、他にも交通整理を学生たち自身が行っている姿の映像や、学生数名が大臣に就任するのではないかというニュースが日本でも流された。

こうした市民中心の新政権に俺はおおいに期待、そして注目をしているが、なかなかくわしい情報が入ってこない。反動勢力は政権を取り戻そうとしていないのか、ロヒンギャ難民キャンプの扱いは変わってしまうのかなど、知りたいことは多々ある。

そこでまず〈これまでの経緯〉をMSF日本の舘さん、また〈MSFの動き〉をMSFバングラデシュ副代表のアントニー・キャズウェル・ロペス（本編にも登場している）、そして広報のファラ・タンジーから、レポートしてもらった。

これが現時点で最新のバングラデシュ情勢になるはずだ（ちなみに、ミャンマー国内でロヒンギャへの激しい暴力が再発していることや、難民キャンプ内での武装勢力の衝突についても、本レポートで触れられている）。

〈これまでの経緯〉

バングラデシュではこの夏、公務員採用の優先枠をめぐり大学生たちが起こした抗議行動が発端となり、首相の辞任、暫定政権の発足につながる大きな政変が起こった。

元々、バングラデシュには一九七一年の独立戦争の退役軍人の家族に、公務員採用の優遇制度があった。二〇一八年に撤廃が決まったものの、二〇二四年六月に高等裁判所が撤廃を違憲として覆す判断をしたところ、学生が反発した。七月中旬、政府に反発する学生を中心としたデモ隊と治安当局との激しい衝突が首都ダッカなど各地で起こり、夜間の外出禁止令が敷かれ、インターネットは遮断された。デモの鎮圧によってのべ千人以上が命を落としたとされている。

デモはいったん鎮静化するも八月に入り、シェイク・ハシナ首相に対する抗議に発展、ハシナ氏は八月五日、デモ隊が首相公邸を襲撃する直前に辞任し、国外に逃亡した。十五年間続いたハシナ政権は高い経済成長をもたらしたものの、経済格差が広がったことにより、国民の間に多くの不安、不満が蓄積されたと考えられている。

政権崩壊後の八月八日には暫定政権が誕生、「グラミン銀行」創設者でノーベル平和賞受賞者のムハマド・ユヌス氏が最高顧問に就任し、学生のリーダーや大学教授、学者もメンバーに加わった。同政権は治安の回復と汚職対策、民主的な制度の改革を進めることが期待されている。

〈ＭＳＦの動き〉

一連の抗議行動や政変がＭＳＦに与えた影響については、大きな困難はあったものの、コックスバザールとダッカ全域で医療サービスをほぼ維持することはできた。

八月六日、ＭＳＦは前日に起きた首相退陣の影響を把握し、ダッカでの医療活動を一時的に停止したが、主なスタッフはリモートで業務にあたった。コックスバザールでは、バングラデシュの地元住民とロヒンギャ難民に対して、救急や母子保健を含む医療サービスの提供を継続した。しかし、現地スタッフが連勤で対応していたため、緊急を要しない外来部門など、医療サービスの一部を最大で半分に減らして対応した。

その後は医薬品や燃料の供給不足、通信の遮断、治安の悪化などを考慮しながら、スタッフの健康と安全を優先して、活動内容を見直した。MSFやその他の人道援助団体が活動を継続できることが重要であり、現在の暫定政権はこれを優先事項に含める必要があると考えている。

政権の移行後、MSFは首都ダッカで主要ポストに就く新たなリーダーたちと接点を持ち始めている。地域レベルでも新政府への移行が現在進行中であり、国全体でさまざまなレベルとスピード感で起きていることを認識しつつ、数ある人道問題について政府関係者と対話を持っているところだ。現在、政府関係者に対するMSFの訴えのひとつは、ミャンマー西部のラカイン州での暴力から逃れてきたロヒンギャの人びとが、国境のどちら側にいるかにかかわらず、安全な環境で医療や人道援助を受けられることの重要性である。

二〇二四年八月には、ラカイン州での暴力が加速し、多くの人びとが隣国バングラデシュに逃れた。バングラデシュにあるMSFの医療施設は八月だけで百十七人の負傷者を受け入れ、その四十八%は女性や十八歳以下の子供だった。多くの人が体に銃創などの傷を負い、「たくさんの死体を見た」と証言している。

また、コックスバザールの難民キャンプでの暴力は、二〇二二年半ば以降急激に増加している。直近の数週間で、キャンプ14および15では武装したグループの間で武力衝突が激化した。周辺にあるMSFのジャムトリ診療所は、刺し傷を負ったり銃で撃たれた四十人以上の患者に医療を提供したが、安全のためいくつかの医療プログラムを縮小せざるを得なかった。九月の第二週目、同診療所は情勢が不安定なことから、救急と産科のみに活動を縮小したが、十五日から完全に再開した。


【二〇二四年十二月四日】

十一月二十二日、MSFがロヒンギャ難民について重要なプレスリリースを出した。

我々の取材後、つまり二〇二四年七月以降、ミャンマー国内で暴力を受けてバングラデシュへ逃げてくる人々が数千人にのぼったわけだが、避難の途中でミャンマーに送還される人や、身柄を拘束される人も後を絶たない。また、バングラデシュの難民キャンプにたどり着いた人たちもいまだに難民登録が出来ておらず、援助や保護を受けられずにいる。そしてそのまま栄養失調、精神的な不調に悩まされているのだ。

先の「補足」で書いた通り、そんな状況の下でキャンプ内での武装グループの衝突も起きており、刺し傷や銃創の治療も行われている。

本来、難民としての登録の有無にかかわらず、必要な医療、食糧、水、シェルターを提供しなければならないが、関係当局や支援団体の対応は遅れているのが現状だ。つまり事態は取材時の六月下旬より明らかに悪い。

今はその深刻さで世界の色調をより暗めに受け止めながら、本書を読んでいただければと思う。

【緊急補足　二〇二五年二月二十二日】

なんとミャンマー東部のタイ国境地帯で、日本人の少年複数を含む外国人一万人以上が監禁され、特殊詐欺に加担させられていたことがわかった。

西部ではいまだ反政府勢力との衝突があり、ロヒンギャへの暴力が続くから、ミャンマーは一気にアジアの火薬庫と化してしまったことになる。俺の世界観でいえば「国家と国連と人道支援団体」の合間に巣くうギャングスタたちが、一国内のみならず越境的な犯罪組織としてバラバラに動き始めたのである。

東南アジアの複雑化する色調にこそ俺たちはよくよく目をこらさねばならなくなった。

「国境なき医師団」インタビュー

「故郷を失った人たちの声を聞く」

ロヒンギャ難民キャンプについては帰国後、バングラデシュ以外の国でも取材する必要があると知った。しかもそこはミャンマーではない。

「国境なき医師団」（略称ＭＳＦ）によるロヒンギャ難民キャンプでの医療援助プロジェクトは、ＭＳＦ内の三つのオペレーションセンターによって運営されているのだが、その一つ、ＯＣＰ（オペレーションセンター・パリ）は、意外なことに実は「東京セル（つまり部門）」と呼ばれるチームによって日本から運営されているというのである。その名の通り、彼らは東京にあるＭＳＦ日本のオフィスを拠点に活動している。もともとＭＳＦ日本自体がＯＣＰのパートナーとして一九九二年に発足しており、セルもＭＳＦ日本もＯＣＰを構成する要素として共存しているのだ。

（ちなみにＯＣＰには八つのセルが置かれ、パリに四つ、ダカール（セネガル）、ドバイ

（アラブ首長国連邦）、東京、ナイロビ（ケニア）、があるそうだ。その東京セル、すなわちセル7が管轄するのはイラン、パキスタン、バングラデシュ、パプアニューギニア、フィリピンおよびミャンマーの調査、活動（同様に、例えばパリのセル1は緊急援助が専門で、現在はパレスチナ、コンゴ民主共和国、スーダンを管轄している）。

つまり本文の終わりに書いた「他人事ではない」のは、実際のMSFの人道援助でもすでにそうなのだ。MSFは日本国内からもバングラデシュ、ミャンマーに活動方針を伝えているのである。

さて、しかもその東京セルの責任者は現在、エリィ・ソックというカンボジアにルーツを持つフランス人で、彼は二〇一九年の我々のパレスチナ取材の際、駐エルサレムの活動責任者として、現地で色々と世話をしてくれており、今は東京に駐在している。

といった偶然も重なり、ロヒンギャ難民キャンプについて問題点などをよりくわしく知るべく、インタビューを申し込んでみることにした。エリィらはすぐに受け入れてくれた。

今回インタビューしたメンバーは以下の通り。

エリィ・ソック……東京セルの責任者（フランス出身）

リアズ・アリ・カーン……財務コントローラー（パキスタン出身）
ヤセール・レザデ……人事コーディネーター（イラン出身）

このほか東京セルには、医療担当で副活動責任者のファラ（バングラデシュ出身）、ロジスティック担当のアルファ（イエメン出身）が所属。ＭＳＦによる援助活動は、主に地域ごとに、このような多国籍の専門家集団のプロジェクト・チームによって担われているのであった。

国境を越えた連携

いとう　最初にエリィさんから自己紹介をしてもらえますか。
エリィ　お久しぶりです。エリィです。フランス出身で、東京セルの責任者をしています。いとうさんとお会いした当時はエルサレムでパレスチナの活動責任者をしており、その前は一年間、バングラデシュで活動責任者をしていました。
いとう　エリィさんがバングラデシュにいたのは、七十万人のロヒンギャ難民がミャンマーから避難してきた二〇一七年よりも前ですか？

エリィ　その翌年の二〇一八年から一九年ですね。二〇一七年にロヒンギャ難民の大規模流入があり、ＭＳＦの緊急チームが対応しました。それが少し落ちついたので、私のチームが通常プロジェクトとして引き継いだわけです。

リアズ　リアズです。東京セルで財務を担当しています。パキスタン出身で、二〇一九年から東京セルのエリィのチームで働いています。

いとう　リアズさんは、東京に来る前はどこにいたんですか。

リアズ　二〇〇九年にパキスタンのスタッフとしてＭＳＦに入って、十年間パキスタンで働いたあと、国際スタッフになって、主に新しいプロジェクトを始めるときの財務担当として、ケニア、ソマリア、ナイジェリアなどアフリカで働いてきました。

（追記　ちなみに現地スタッフと国際スタッフの違いは、前者は活動地で採用され、その国内で働くことが前提のスタッフで、現場で活動するＭＳＦの全スタッフ約四万六千人のうち九割以上を占める。一方、国際スタッフはＭＳＦが活動する世界約七十の国や地域に派遣され活動するスタッフで、全体の一割弱となる）

いとう　ということは、まず現地スタッフとして、パキスタンでファイナンスを学んだんですか。

リアズ　はい、パキスタンの大学で財務と会計を学んでＭＢＡを取り、バングラデシュの

「国境なき医師団」東京セルのメンバーと。左からリアズ、エリィ、著者、ヤセール
©森清

NGOである『BRAC』で働いて、それからMSFに来ました。

ヤセール　ヤセールです。イラン出身で、MSFに入ったのは二〇〇九年三月です。ずっと人事担当として、イランのMSFでイラクから来た患者さんのケアをするプロジェクトに五年間、従事しました。二〇一四年に国際スタッフになってからはウガンダやナイジェリアでエボラ熱対応のプロジェクトに在籍し、その後フィリピンを経て、二〇二二年から東京のチームに入り、人事のコーディネーターをしています。

いとう　ありがとうございました。

で、今回は東京セルで、バングラデシュを対象にしたチームを組んだということですよね。

エリィ　東京セルが医療援助活動を運営する国はバングラデシュだけでなく、パキスタン、イラン、フィリピン、パプアニューギニアもあります。これからミャンマーでも活動を計画中です。

いとう　それだけのたくさんのプロジェクトについて、例えば財務に関してはリアズさんが全般を担当しているということですか。すごく大変ですね。

リアズ　そうなんです。我々一人一人、各活動国での財務や人事、ロジスティック（物資調達・建設・車両管理など）に関する責任者です。大変ですが慣れましたね。

ヤセール その上、年々活動地は増えていってますしね（笑）

いとう さて、バングラデシュのロヒンギャ難民キャンプについて聞かせてください。

まずエリィさんに訊きたいのは、日本からバングラデシュでの活動をどのようにコントロールしているのか。つまり現地に対して、どういうふうに指示を出しているんですか。

エリィ ここ東京にはオペレーションの責任者である私と、財務担当のリアズ、人事担当のヤセールの他に、ロジスティックとメディカル（医療）の担当者がいます。それと同じ役割構成のチームがバングラデシュの首都ダッカ、そして難民キャンプのあるコックスバザールにもあります。東京で意思決定を行い、援助活動のための戦略や方針、予算を決め、それらが各階層を経て活動現場の病院までちゃんと届くように、連携してマネジメントしています。

いとう 具体的な活動は現地のスタッフたちが決めているように思ったけれども、最終的な決定はどこの話し合いで決まるんですか。

エリィ 毎年、東京セルと、首都ダッカにおいてプロジェクトのコーディネーションを担うチーム、それから現場であるコックスバザールでプロジェクトを実行するフィールドチームの三組の責任者が一堂に集まって、協議するミーティングがあります。二〇二四年は九月にやったんですが、そこでそれまでの活動の振り返りとともに、次の年の計画を立てる。翌年の活動方針や戦略を決めて、そこから予算が決まっていくわけです。例えばバングラデシュで性暴力被害が増えているから手当てしなければいけないとか、現場の課題を話し合って決めていく。決してトップダウンではなくて、各階層がいろいろ意見や知恵を出し合って話し合っています。最終的には、ＯＣＰのオペレーションのトップが裁可するという形です。

常に変化する状況に適応して

いとう　バングラデシュのロヒンギャ難民キャンプのオペレーションの特徴は何でしょうか。もし何かあれば教えてください。

エリィ　一番大きな特色は、ＯＣＰグループで継続して活動する唯一の難民キャンプであり、世界最大の難民キャンプであることです。

いとう　ＯＣＰは、他の難民キャンプでは活動してないんですか。

エリィ　スーダンとかチャドのキャンプでも活動していますが、それは緊急援助としてなんです。それに対してバングラデシュでは、これまで七年間継続しています。

いとう　他のキャンプの場合は、緊急事態が落ちつけば撤収するということですね。バングラデシュはOCPが腰を据えてやっている唯一の難民キャンプだと。
エリィ 加えてロヒンギャ難民は、正確に言えば難民認定されていない人たちで、国籍ももともと持っていない。そういう意味で他に類がありません。
いとう 僕らはキャンプでロヒンギャの人たちも働いているのを見てきましたが、ヤセールさんはそういった現地の採用にも関わっているんですか。
ヤセール さきほど説明したように、それぞれの階層でマネジメントをやっているので、私たち東京のレベルは人事に関する方針や戦略を立て、現地での採用は現場レベルのHR（ヒューマンリソース）マネジャーやコーディネーターが担当しています。
バングラデシュのプロジェクトでは、三つの属性の方が働いています。一つがキャンプ内のロヒンギャ難民で、彼らはボランティアベースで働いているんですが、それが百八十人。二つ目は現地のバングラデシュ人で、八百人。三つ目が、日本を含めて各国から来る国際スタッフで、二十五人です。こういった属性の構成率についても、もっとロヒンギャからの雇用を増やすべきだとか、バングラデシュ人にも雇用の機会を与えるべきではないか、みたいなことを話し合って決めています。
いとう ロヒンギャの問題は、ロヒンギャ難民だけでなく、バングラデシュの問題でもあり、もっと言えばミャンマーとの問題もある。それですごく複雑化するというか、難しいコントロールが必要な気がするんですが、エリィさんとしては、どう考えていますか。

エリィ　一言で言えば、常に変化する状況に適応していかなければいけない、ということです。ロヒンギャ難民と地元の方たちとの関係も時とともに変わっていく。二〇一七年以前はバングラデシュの人も、ロヒンギャに対して同情的で協力的だったのですが、七十万人の難民が一挙に入って来るとなると、当然いろんな問題が起きますよね。彼らの家を作ったり燃料にするためにそこにあった木を切るから、山が丸坊主になってしまう。それによって地下水が汚染されるという水問題が起こって、地元民と難民との間の緊張がすごく高まり、援助活動にも支障が出てきています。

また、いとうさんが現地で聞かれたように、ミャンマーの内戦の影響でいろんな武装勢力が、それぞれの目的のもとで活動している。キャンプの中でもギャングが勃興して、その縄張り争いとか、麻薬の利権争いも起きている。そうしたことにも注意を払っていかなければならないのです。

さらに、バングラデシュでは二〇二四年八月に政変があって、政治環境も大きく変わってきている。常にそういう状況の変化を見て、不安定な状況の中で対応していく。それはプロジェクト運営の中心となる意思決定だけでなく、人事とか財務でも、全てのレベルで言えます。

新たな人道危機と財政難

いとう　リアズさんにお聞きしたいんですが、現地でロヒンギャ難民の方に話を聞くと、自分たちロヒンギャにおりてくるお金がない。ガザやウクライナは当然注目されるべきだけど、支援の資金がそちらに回ってしまうという問題は、ＭＳＦのファイナンスにも影響があるんですか。

リアズ　おっしゃる通り、例えば国連の予算の多くが他の新たな人道危機に振り向けられれば、ロヒンギャ難民への予算は縮小してしまう。また、多くのＮＧＯも財政難でバングラデシュから撤退しているのです。それによってＭＳＦが担わなければならない仕事が増える。バングラデシュのプロジェクトのＯＣＰの予算は、二〇一九年には三百万ユーロだったのが、二〇二五年は千百万ユーロにはね上がって、この六年間で三倍以上になっている。他の団体からの資金がなくなった分、ＭＳＦの負担額が増えてきているということです。ロヒンギャ難民の問題は七年以上も続いている長期の問題なので、その活動に必要なスタッフの人数も毎年増えてくる。ＭＳＦとしてもそこはけっこう重くのしかかってきています。

ロヒンギャの人たちにお金がないというのは、一つには彼らの特殊な事情もあります。彼らは国籍がなく、難民の認定もされていない人たちなので、就労の許可が得られない。

いとう　雇用が認められないということですね。

リアズ　キャンプで活動するNGOでのボランティアで少しの手当をもらうことだけはできるんですが、基本的には自由に商売したりすることは制限されている。

ヤセール　私から補足します。彼らは国籍がないために仕事ができない。さらに、少し稼いでも、例えばギャングにゆすられたり、強制的にミャンマー国内の軍や武装組織に連れていかれそうになったりするから、その状況から逃げるために、こつこつためたお金を悪徳業者に支払ってキャンプから他国に逃げようとして、だまされることもある。ロヒンギャ難民の問題が長期化すればするほど、国際的な支援金の拠出者やドナー国が支援疲れに陥って、支援がどんどん先細ってくるんです。

ＭＳＦのようなＮＧＯは、ロヒンギャ難民のボランティアを募って少しでも手当を出したいのですが、バングラデシュの当局ＲＲＲＣがそれを制限している。だから上限なく支払うことはできなくて、支払えても月に百ドルぐらいが限度。ＭＳＦも何とか他の手段を考えて、例えば食料手当を出したり、病休、産休、育休みたいな形で少しずつ、手をかえ品をかえてロヒンギャが手にするお金を減らさないようにしていますが、それには限界がある。そういうわけで、状況は全然好転していない中で、資金は先細っている状況です。

いとう しかも、ミャンマーの情勢がさらに不安定で、最近も日本人が六人監禁されているという報道もあるくらい、治安が悪くなっている。

バングラデシュ新政府の対応

いとう 状況がどんどん悪くなっていくばかりだという認識はみんな同じだと思いますが、おそらく、ミャンマー国内の問題が片づかない限り、ロヒンギャ難民の解決もできないということですよね。そのあたり、リアズさんはどう考えていますか。

リアズ 質問の答えになるかわかりませんが、ロヒンギャ難民にとって、キャンプにいることは全く解決策になっていないのです。ミャンマーにいたころは、彼らも土地を持って、畑を耕して暮らしていた。でも今は狭いキャンプに大人数で暮らさなければいけないし、仕事もできない。キャンプにいるから安全でよかったということには全然ならない。最終的には彼らはミャンマーに帰らなければいけないと思います。

いとう ロヒンギャ難民たちのこういう状況を、新しいバングラデシュの政府はどう思っているんでしょうか。何か情報はありますか。

エリィ　まず、今のバングラデシュの政権は期間限定の暫定政権なので、彼らが今言っていることによって何かが確約されるわけでもない。暫定政権のユヌス首席顧問は、難民に対しては寛大なポリシーを持っていると言われていますが、それが長続きするという確約はないし、彼の発言自体、バングラデシュに支援を集めるための政治的な身振りなのではないか、という見方もあります。

旧政権のハシナ首相は非常に保守的で、何人以上の難民は受け入れないという限界を決めていました。今も現場でキャンプを運営している役人の多くは、やっぱりハシナ政権のときのマインドが染みついているので、非常に混乱している状況です。

いとうさんのご質問のとおり、問題の根本をどうすればいいのかというのは、非常に難しい問題です。たとえミャンマーの今の内戦が停戦合意を迎えたとしても、それだけでは意味がなくて、一九八二年の改正国籍法（ミャンマー国民の定義からロヒンギャが除外された）という問題に立ち返って解決しないと、ロヒンギャの扱いは変わらないのです。アウン・サン・スー・チーだって、国家顧問だったときにその問題には触れなかったし、ミャンマー国民の九割近くが仏教徒という状況を考えると、なかなか簡単には変えられないんじゃないか。

いとう　まず国籍法が改訂されない限り、ロヒンギャの人たちはミャンマーでは就学や就労、移動などが制限され、基本的な人権も否定されるということですね、公式には。

もう一つ、プラン・インターナショナルと共にロヒンギャ難民キャンプを訪ねた作家の角田光代さんと先日話したのですが、角田さんたちはロヒンギャを受け入れている側のバングラデシュの人たちにも話を聞いて、彼らがキャンプの存在に反発しているようだという認識でした。ヤセールさんは、その点はどのように感じていますか。

ヤセール　もともとバングラデシュのほうも決して裕福ではない地域ですし、そこに多くの難民がやって来て、一部自分たちの仕事が奪われたという不満もあるのです。いろんな支援がロヒンギャのほうに行っているのが見える一方で、自分たちには公的な支援もあまりないという不満もあるけれども、次元が全く違うと思います。バングラデシュ人には自由があるし、働く権利もあり、社会的支援もあるけれども、ロヒンギャには何もないのですから。もちろん、バングラデシュの人々を支援しなくていいということではないのですが。

日本の私たちができること

いとう　最後の質問になります。問題を抜け出すのは非常に難しいけれども、今、日本が少しでもできることは何かということを、日本の人たちに伝えなければいけないので、みなさんはどう考えているか、よければ聞かせてください。

エリィ どんな人道危機に対しても同じなのですが、やはり政治しか変えられないというところがあります。だから、日本政府への働きかけが重要です。MSFとしては、問題について議論するきっかけを提供することはできますが、そこから先は……。

いとう 議論するべきは日本人自身ですからね。

エリィ 私たちは、忘れられないように、「ロヒンギャの問題の話を聞いてください」という働きかけはできますが、そこから先は、日本政府の決断になる。日本は二〇二四年、国連で、国連安保理の非常任理事国としてパレスチナ問題に関しては一定の問題提起をしましたが、日本政府の国際支援計画の中においてロヒンギャ問題をより重視してほしいということを、私たちは今後も働きかけていきます。

リアズ 特に日本は、ミャンマーを含むアジアの中での存在が大きいので、影響力もあると思うんです。日本政府は、ミャンマーやバングラデシュに対する支援の拠出金も大きいし、MSFに対しても、過去にロヒンギャ支援のために資金を拠出してくれたことがあります。それは公的資金をあまり受け取らないMSFとしては非常に珍しいことで、日本は、MSFが公的資金を受け取る、世界で三つの国のうちの一つです（他の二つはカナダとスイス）。もちろん、やみくもに受け取るのではなく対象を限って、バングラデシュのロヒンギャ難民キャンプ対応の資金として受け取ったわけですが、そういった過去の実績を踏まえて、ぜひ影響力を行使してほしいと思います。

ヤセール 日本の人たちには、もっとロヒンギャ問題に関心を持つように政府に対してプレッシャーを与えてほしいというのが、まず一つです。

もう一つ、ちょっと話は違いますが、キャンプ内の「丘の上の病院」で、毎日のようにロヒンギャの人たちに向けて拡声器で話している男性がいるんです。大量虐殺などを含む、自分たちが置かれてきた状況を振り返る内容で、それを「忘れるな」と語りかけている。それがすごく悲しく響いていた。食糧やお金をどうするかというのも大事ですけれども、自分たちの過去を忘れないとか、日々の悩みを聞くということも大事です。

平和の構築にはおそらくまだ十年くらいかかるから、長期戦で構えるしかないし、日本だけでなく、世界中で考えていかなければいけないと思います。

いとう その拡声器の人の声は現地で聞けませんでした。とてもシンボリックで胸を打ちますね。

ヤセール その男性は、自分たちの存在意義を鼓舞するようにアジテーションしたり、ミャンマーのロヒンギャの間でよく知られた、例えば結婚式で歌う歌だったり、自分たちのかつての暮らしを思い出させてくれるような歌を歌っているんだと、ＭＳＦでボランティアをしている守衛さんが言っていました。

いとう　そうやって自分たちのアイデンティティを保とうとしている。

ヤセール　自分たちが誰なのかを忘れるな、と。

避難先ではどうしても安全とか食べるものが優先されがちで、メンタルとか、文化的なものは二の次になってしまうけれども、そういうことも忘れてはいけないと思います。

エリィ　いとうさんが書いてくださることは人々の関心を高めることなので、感謝しています。

いとう　こちらこそありがとうございました。

ということで、やはり実際の活動に携わっているスタッフの言葉は的確でなおかつ誠意に満ちたものであった。

最後に出てきた「拡声器の人」のエピソードは現地でも聞かなかったもので、強く印象に残った。メモリー・センターで突然歌い出した女性のことを即座に俺は思い出し、「失った者が歌う」ことの重要性と、ゆえにこそ聴く側が注意して耳を傾けなければならないことを強く実感した。

東京セルの人々に感謝する。

藤原辰史さんに聞く「歴史の傷と向き合うために」

ドイツはなぜイスラエルを批判できないのか

いとう　二〇一六年から「国境なき医師団」の活動地をあちこち見て回って、レポートを書くということを続けているんですが、今回バングラデシュにあるロヒンギャ難民キャンプを訪ねる前は二〇一九年にパレスチナのガザとヨルダン川西岸地区に入って、イスラエルへの抗議行動に参加して足を撃たれた若者たちの話を聞いていました。その後、二〇二三年十月七日のハマスによる越境攻撃が起こり、それを機にイスラエルによるガザへの大規模な空爆と地上戦が始まって、ジェノサイドが今も続いています。

昨年秋にドイツ在住の作家である石沢麻依さんが「群像」（二〇二四年九月号）に寄稿

したエッセイを読むと、今のドイツではイスラエル批判を口にしただけで「反ユダヤ主義者」と決めつけられる、ガザやヨルダン川西岸地区のことを語るとき「ジェノサイド」とか「アパルトヘイト」という語を使えない、「インティファーダ」と言うだけで取り締まられる、と書かれていました。

こうした状況について、ドイツ現代史の専門家である藤原さんはどのようにお考えでしょうか。

藤原　私はドイツの歴史との向き合い方に問題があったと考えています。

ナチス登場以前から今のポーランド、ベラルーシ、ウクライナのあたり、かつてのロシア帝国領に住んでいたユダヤ人たちは、ポグロムといわれる迫害を受けてきました。その差別意識にナチスが追い打ちをかけて、特に東欧のユダヤ人を大量虐殺し、たくさんの難民を生み出したわけです。当時ナチスが反ユダヤ主義を掻き立ててユダヤ人を追い出し、ドイツ人の国をつくろうとした図式は、今パレスチナでイスラエルが行っていることと基本的に同じなのですが、ナチスの過ちを厳しく批判してきたドイツが、なぜイスラエルを批判できないのか。

いとう　そこが疑問なわけです。

藤原　イスラエルは戦後、当時の西ドイツに対してホロコーストの「賠償」を要求し、西ドイツはそれに応えています。しかしそもそもナチスによってユダヤ人が迫害された戦時中に、イスラエルは国家として存在していません。国際法的には、存在しなかった国に賠償するということはあり得ないわけです。それを可能にしたのは、ナチスによるユダヤ人虐殺はほかのどんな虐殺よりも圧倒的にひどい、唯一無二の暴力だという、いわゆる超法規的な論理でした。戦後のドイツはその論理を引き受けることで「人道的な国家」に生まれ変わり国際社会に復帰するとともに、イスラエルへの輸出によって経済復興を成し遂げたわけです。だからイスラエルを批判することは、戦後ドイツそのものの根源を崩してしまうことになる。そういう歴史が絡まり合って、今の状況につながっているんですね。

いとう　ドイツのその論理を、周りのヨーロッパの国々はどう考えているんでしょうか。

藤原　イギリスも複雑です。バルフォア宣言ではイスラエルのパレスチナでの建国を約束しました。イスラエルはイギリスの委任統治（実質的には植民地支配）からの独立という形をとっている。そういう意味ではイギリスもまたイスラエルの「建国」に深くかかわっており、またスエズ戦争以降両者は接近しますので、イスラエルの論理を真正面から批判しにくい位置にあると思います。フランスも基本的立場は英独とあまり変わりありません。

いとう　今の状況を見ていると、ヨーロッパの理性って一体何だったんだ？　と思ってしまいます。第二次大戦が終わった後、イスラエルができるまでの数年間の事情が解決できないまま進んできて、今のジェノサイドにつながっているわけですね。果たしてヨーロッパの理性はどうなっているんでしょうか。

藤原　ドイツをはじめとする西欧諸国が、自分たちが起こしたことに対する向き合い方、後始末のつけ方を思いきり省略して、杜撰に処理してしまったツケが、今ぶり返してきているると思います。

いとうさんの『「国境なき医師団」をそれでも見に行く』を読んで私が考えたのは、「戦後」との向き合い方です。ドイツはフォルクスワーゲンやベンツや、軍事物資をふくむ工業製品をイスラエルに援助することによって、企業にチャンスを与えつつ、戦争の過去を克服したということにして進んできた。いとうさんも書かれているように、日本もまた、戦時中の東アジア・東南アジアに対する占領の過去を、戦後補償の一環としてのＯＤＡ（政府開発援助）という、経済の枠組みの中で解決したことにしてきた。両者は似た構造にあると思います。

いとう　今回訪ねたのはバングラデシュにあるロヒンギャ難民キャンプですが、彼らは隣国ミャンマーでの迫害を逃れてきているんですね。戦時中の日本はイギリスが統治していたミャンマー、当時のビルマを支配するために政治的にいろいろ画策した。戦後はその補償の意味でミャンマーを援助してきたわけだから、今のロヒンギャの苦難は確かに決して他人事ではないんです。

しかし戦争に負けたときに、そういう過去をどう処理するのかという問題は本当に難しい。もちろん、被害者にはＰＴＳＤがあるけれど、加害者の側のＰＴＳＤみたいなものも考えるべきなんじゃないか。加害者のＰＴＳＤが全く処理されていないというか、治癒されていないことの問題もあるんじゃないかと思うんです。イスラエルも確実に十年後、二十年後に自分たちの暴力を自分たちで否定することが出来なくなる。自分たちの無意識に復讐されるだろうと思います。

藤原　しばらく前に俳優の武田鉄矢さんが朝日新聞で、お父さんのことを語っていらっしゃった。お父さんが戦争で人を殺めていた記憶からどうしても抜けられなくて酒を飲んでいたと。これは日本中にある話で、戦後日本の男性の暴力の根源のひとつに、おそらく戦争加害者のＰＴＳＤがあると思われます。それは逆に言うと、日本が加害の過去と向き合うことからずっと逃げてきたということです。加害の傷に向き合えないまま、経済によって他者に向き合おうとしてきたけれど、何重にも向き合えていない。

加害の過去と向き合う難しさ

いとう　ヨーロッパでも日本でも、根本的に加害者が自分の加害にどう向き合うかという問題ですね。

藤原　例えば、坂上香さんの『プリズン・サークル』というドキュメンタリー映画を見ると、罪を犯した人が裁判で自己と向き合っていく過程が、いかに真の反省とは違う方向になってしまうかということが分かります。そこで見えてくるのは、加害者が自分の犯してしまった性犯罪や傷害致死といった過去に向き合う上で、裁判がマイナスに働いているということです。なぜなら裁判では自分の身を守るために、弁護士といろいろな戦略を立ててしまう。それはニュルンベルク裁判や東京裁判とも重なるのです。つまり、自分の罪が軽くなるように証言を工夫したり、抵抗者としての自分の像をつくりあげたりします。

いとう　言い過ぎかもしれないけど、つくり話のほうに行くわけですね、裁判で有利になるために。

藤原　『プリズン・サークル』では、島根県にある官民混合運営型の刑務所で、受刑者がＴＣ（セラピューティック・コミュニティ）という更生プログラムを通して変化していく過程を撮影していきます。そこでは受刑者たちが円になって自己紹介から始めていくのですが、そのうち、みんなが自分の加害ではなくて、それまで受けてきた被害を語り始めるんですね。

坂上さんも言うように、犯罪を犯した人の人生のほとんどは被害の歴史なんです。例えば、毎日朝から夕方までお父さんに殴られた。夕方になるとお母さんが帰ってくるけど、そのお母さんもお父さんに何も言わない。そういう自分の虐待体験を泣きながら、少しずつ語り始める。こんな自分の被害を語るまでにすごく高いハードルがあるし、とっても時間がかかる。それを語ってようやく自分の加害に向き合えるということです。

ニュルンベルク裁判では、まずナチスのトップの人たちを処刑した。自殺したヒトラーやゲッベルスを除けば、少なくともナチスの中心にいた人物を、一応弁護士もつけて裁判にかけて絞首刑にしたんですが、裁判はその後も長く継続して、その下にいた人たちを裁判にかけていく。さらにその後は非ナチ化のプロセスがあって、ナチスとの関わりが深かった人は投獄され、それ以外の人は反省させて社会に復帰させた。そういうプログラムが一九五〇年代まで続くのですが、途中から緩くなっていって、ナチスだった人たちが結構社会に復帰していく。最大のスキャンダルが、西ドイツの首相だったコンラート・アデナウアーの周辺に元ナチスがいたことです。

どうして緩くなったかというと、裁いている連合国側の間で冷戦が始まって、冷戦の中で西ドイツと東京裁判後の日本という二つが西側のフロンティアとなり、重要な存在になる。その過程で東京裁判でも、岸信介のようなA級戦犯の人たちが戦後の政治体制に入っていく。そういう戦後の出発の仕方を、西ドイツも日本もやってしまった。それが加害PTSDに向き合えなかった大きな理由じゃないでしょうか。

いとう　そうすると、今イスラエルの暴力に対してドイツがきちんと批判的な視線を向けられないのは、翻って日本でも十分にあり得る問題だということですね。

藤原　もちろんドイツはその後、加害の記憶を風化させないという「記憶文化」を懸命に築き上げてきました。自分たちはユダヤ人に本当にひどいことをしてしまったという教育を徹底してやり続けて、一九七〇年にはヴィリー・ブラントという西ドイツの首相が、ポーランドのワルシャワ・ゲットー蜂起の犠牲者を悼む追悼碑の前でひざまずいて謝罪するところまで進んだ。日本の政治家はそこまでできなかった。ドイツはそうやってユダヤ人虐殺の歴史に真摯に向き合ってきたのですが、その過程でどうしても、ジプシーと言われたロマの人々やソ連の捕虜の虐殺がその付属的な現象として扱われがちだった。例えばソ連兵に対しては捕虜をわざと飢えさせておよそ三百万人を餓死させていますが、そういう過去はどちらかというと軽視されてきた。ユダヤ人虐殺と向き合うことこそが過去と向き合うことだと、リベラルな知識人たちでさえも考えてきたのです。

いとう　そうなんですね。今回、パンドラの箱が開いてしまったというイメージがすごくあるんです。ヨーロッパの中でも特にドイツは、戦争に対する深い反省を持ち続けている、まともな国だと思っていた。それが実はいろんなところに穴が巣くっていたんですね。その穴の中がつながって他者が見えないコミュニティになって、ドイツの世論もガザの虐殺を見ないことにして、それを批判することもできなくなっている。

藤原　イスラエルを批判されると、自分たちが批判されているように感じてしまうのかもしれません。しかし近年問題になったのは、ドイツはナチスが登場する約三十年前に、植民地支配していた南西アフリカ（現ナミビア）で虐殺を行っていたということです。ヘレロの八割、ナマの半分ぐらいを殺しているんですが、そういう過去が、遅ればせながら専門家以外にも知られるようになった。そのようなコロニアルな暴力はドイツだけじゃなくて、まさにいとうさんが訪ねた場所のあちこちで起こっている。

いとう　ハイチに対するフランスもそうだし、ミャンマーもイギリスの植民地だった。

藤原　いとうさんが訪ねた難民キャンプの場所はどこも、植民地支配と関係しています。だから、この『「国境なき医師団」を見に行く』のシリーズは、まさに歴史の本だと思って読みました。

いとう　なるほど、自分でもそう思って読み返さなきゃいけないと思いました。確かに、難民という形で人々の移動が起きるということは、誰かがそこから追い出しているということですからね。それが植民地主義的な暴力とつながっている。

西洋的な理性では解決できない問題

いとう　今、アフリカのナミビアの話をされましたが、今回、南アフリカが国際司法裁判所にイスラエルを提訴しました。またバングラデシュでは政変が起きて、貧困層のためのグラミン銀行をつくってノーベル平和賞を受けたムハマド・ユヌスさんが暫定政府の首席顧問になった。僕は今ガザやバングラデシュで起こっていることに関して、西洋ではなく、アジアやアフリカの理性が出てくる可能性があってもいいんじゃないかと思っています。

藤原　そうですね。南アフリカの提訴は、アパルトヘイトという過去から出てきたものです。ガザの状況もまさにアパルトヘイトで、いとうさんの言葉を借りれば〝被差別集落〟ですから。

いとう　そのとおりです。

藤原　そういう状況に対して、南アフリカやルワンダでは、「移行期正義」という言い方をしますが、あまりにも巨大な人権侵害が起こったあと、裁判ではなく、加害者と被害者が向き合う場をつくって、せめて復讐にならないように対話を積み上げ、正義の確立や和解を目指していくということをやってきたのです。ニュルンベルク裁判のように上から裁決が降ってくるのではなくて。

いとう　下から積み上げていくんですね。

藤原　もちろん多くのトラブルがあったので美化はできませんが、裁判のように断罪するのではなく、お互いの加害と被害の傷跡に少しずつ言葉を与えていく。そういう理性は必要だと思います。

私は西洋的理性とか民主主義に惹かれて、一生懸命学んできました。しかし私たちはもっと大胆に西洋を批判していいし、もっと大胆にオルタナティブを出してよかったのに、心も植民地化されていたんじゃないか。

いとう　そうですね。僕たちはつい、理性はヨーロッパに敵わないと思っていたけど、事ここに至ると、世界にはアフリカやアジア的な知性がむしろ緊急に必要ではないか。そういう気さえしてきます。

藤原　本当にそう思います。

私は難民キャンプへは一度も行ったことがないので、いとうさんのご著書を読んで、まさに一緒に旅をさせていただいた気持ちがしました。いとうさんが現場で見てきたのは、西洋的理性だけでは解決できない問題ですよね。裁判という劇場だけでは解決できない傷がある。ロヒンギャの人たちの故郷喪失の悲しみや、文化を根こそぎ奪われてしまった心の傷に、いとうさんは入っていった。迫害から逃げてきたけれど、国籍もなくてここから出ていけないとか、キャンプ内でも夜に銃声が響いて暴力にさらされるとか、それが現地で麻薬が流行する理由ですね。自分はここにいていいと安心することができない傷、長い時間をかけて深く構造的に刻まれた傷です。

一方でいとうさんは、「癒やし」というレトリックから慎重に逃れている気がします。前回のガザでも今回のバングラデシュでも、簡単な癒やしの言説は存在しない。だけど、たまに芸能の力が救ってくれる場面がある。

いとう　急に歌が出てきたりしますからね。

藤原　そうそう。歌ったり、太鼓をたたく場面も出てくる。

いとう　ハイチでは、戦火などを免れてきた人たちが病院で打楽器を渡されて、何となくたたいていているうちに一つのビートになっていく。そういう場面に立ち会って、リズムによる治癒というか、何かが統合されるという感じがありました。

藤原　それは上から与えられる癒やしではなくて、下から起こってくる調整的な癒やしですね。さっきの移行期正義のように、判決を下すわけじゃなくて、何となく共存できる場をつくっていくような、そういう理性だと思います。

いとう　それはカントの統制的な理性とは違うんでしょうか。

藤原　違うかもしれません。ヨーロッパ的理性は、自分たちでつくった枠組みの中ではうまく機能するんですが、いとうさんが歩かれた難民キャンプや、旧ユーゴとか今のウクライナや中東のように、ヨーロッパという枠組みが薄れて、別の文化、つまりイスラーム文化やアルメニア正教の文化などが混在した地域に入っていくと、途端に暴力的になってしまうのだと思います。

いとう　自分たちの枠組みの外では、理性が機能しない。

藤原　ユーゴスラビアで紛争が起こったとき、ドイツは一九九九年に、NATOと共にセルビアを空爆しました。それはナチス以来の空爆だったわけです。私たち人文系の研究者がショックを受けたのは、ドイツで大きな影響力をもつ哲学者のハーバーマスが、それを支持したことです。西洋の理性を担うハーバーマスが、なぜ民間人の命を奪う空爆を支持できるのか。ハーバーマスはユーゴスラビアのミロシェビッチ大統領のことをナチスの再来のように批判して、虐殺があった以上はやらざるを得ないという論文を書いている。そういう西欧理性の「狂い」が急に激しくなるのがこの地域だし、ガザもそうです。彼は今回イスラエルを支持しています。だったら、私たちはその狂いの現場に立って考えなければならない。しかしそこで、もし「アジア！」と叫べば、大東亜共栄圏になってしまう。

いとう　それはもう一つの恐ろしいものをよみがえらせることになる。

藤原　だから私は、アジアとヨーロッパのはざまにある傷の現場で、立ちどまって歴史を書きたいと思って、先日もクロアチアとボスニア・ヘルツェゴビナを歩いてきたところです。クロアチアにはヤセノヴァツ強制収容所という、ナチスの傀儡国家がかつてユーゴを支配していたときにつくった強烈な収容所がある。そこではセルブ・カッターという、ゴム手袋の小指の下から短いナイフが出ている凶器で喉元を切るような道具を使った陰惨極まる暴力があったんです。

しかもそこで一番たくさん殺されたのは、ユダヤ人ではなくてセルビア人だった。しかし一九九〇年代にクロアチアのトゥジマン大統領は、過去にクロアチアが虐殺したセルビア人の数値を引き下げるような歴史修正主義をとった。彼は、ドイツが東西合体したときに真っ先にドイツを支持した大統領でしたが、ヨーロッパの外に行くと、過去に全然向き合えなくなるのです。

いとうさんの今回のお仕事の意味は、いま難民キャンプが発生しているところ、つまり歴史的にまさにヨーロッパのなれの果てのところを歩かれているということです。

いとう そこには必ず整理されないものが立ち現れてしまうということですね。

藤原 しかも、「国境なき医師団」に同行されているから、現実の傷が見える。ガザのレポートを読んで私は、パレスチナの若者たちのふくらはぎを撃つ「ダムダム弾の亜流」が衝撃でした。あれは国際法的理性では禁止されるべきものです。

いとう そうなんです。ガザでは絶対にあってはならないものがしょっちゅう出現していた。イスラエルからそういう命令が出ているとしか思えないんです。となると、どこにも理性が発揮されていない。法律上は禁止されているんだけど、実際の現場に行くと、法が全く無効化されているんです。

今、アメリカではトランプ大統領が就任して、大統領令をバンバン出して、移民を追い返したりトランスジェンダー差別を推し進めている。世界がものすごい速さで暴力のほうへ向かっていく中で、僕たちは何をどう考えればいいか。藤原さんにそれをお聞きしたいと今回、切に思ったんです。

第一次大戦から始まった暴力

藤原　ご著書を読んで考えたのは、少なくとも第一次大戦ぐらいまで遡らないと、いとうさんが出会った傷の深みと向き合えないということです。なぜかというと、ガザのところで、拾うと爆発する「オモチャ爆弾」の話が出てきますね。それから、白いバルーンの監視カメラも。

いとう　ガザとイスラエルの境界に白いバルーンが浮かんでいました。ポストモダンチックなかわいい形なんですが、ガザはそれで三六〇度監視されていると言っていました。

藤原　今、ウクライナでもガザでも西岸地区でも、ドローンが重要な武器になっていますが、オモチャ爆弾やドローンというのは、プラモデルのラジコンのようなものだと思うんです。そういうゲーム的なものが人の命を奪っていく。テレビゲームの延長のように人が殺されていくという暴力は、実は第一次大戦期の空襲から始まった。飛行機が突然飛んできて爆弾を落として、街を破壊して人がたくさん死ぬという暴力は、第一次大戦に始まるのです。ドイツはツェッペリンという飛行船を飛ばして、ロンドンに爆弾を次々と落としていった。そういう暴力が、まさに今のゲームのような戦争につながっている。

そして「飢え」の暴力も、第一次大戦で始まりました。まさに二〇〇七年からイスラエルはガザを軍事封鎖し、電気や食糧の輸送をブロックしてきた。アリの巣の入り口に水を注いで巣ごと破壊し、全滅させるみたいに、害虫のように安易に人を消去する暴力が第一次大戦時に始まった。だから最低でもそこまで振り返らないと、いとうさんの突き当った問題は考えられないんじゃないか。

いとう 僕もこの本で「ハイブリッドな戦争」という言葉を援用していますけど、戦争の形をとっていないかのように見えながら、戦争が行われているんですね。例えばイスラエルの公務員が民間人のような形でパレスチナに引っ越してくる。引っ越し自体は止められないんだけど、そのうちに周りが臭いとか、こんな被害を受けたとか言って、警察とか軍隊を呼び込んで、そのあたりを制圧してしまう。パレスチナ人がつくっていた畑をめちゃくちゃにして奪いながら、イスラエルの領土を増やしていく。そういう戦争以前の戦争みたいないろんな方法が、第一次大戦のときに編み出されていた可能性があるということですね。

藤原 おっしゃるとおりです。特に印象に残ったいとうさんの言葉は、まさに「引っ越し」という言葉です。彼らにとっては引っ越しにすぎないんだけど、「引っ越し」という暴力によってパレスチナ人の土地を奪い、水を奪って追放する。例えば、第一次大戦のときにトルコでアルメニア人の虐殺があったのですが、このときもアルメニア人を移動させている。もちろん殺してもいるけど、長い距離を移動させて、その間に死なせるんです。

第一次大戦以降始まったのは、そういう暮らしの延長としての暴力や、人間を人間と思わずに殺せるような、害虫駆除に似た暴力。だから実は百年前に、もうタガが外れてきていたんです。私たちはそういう加害の傷跡をきちんと受け止めないまま、ここまで来ている。そのツケが日本の赤字国債みたいに積み上がってきていると思います。

いとう　そうすると、まず第一次大戦まで遡って人類のことを考えるところから、ひょっとしたら僕たちはＰＴＳＤの外に出られるかもしれないということですね。

藤原　そうです。ナチ党の前身であるドイツ労働者党が生まれたのは第一次大戦が終わって一年後です。つまり、第一次大戦のＰＴＳＤの結果、ナチスが出てきたとも言える。彼らは、イギリスの経済封鎖によってドイツ国民七十六万人が飢えたという傷と、戦闘では勝っていたのにユダヤ人や社会主義者の裏切り（「背後の一突き」）のせいで敗北したという、右翼が広めた誤情報の傷を負って生まれた。彼らは被害者としてのドイツの傷を壮大な物語として描いて、音楽も美術も映画も、あらゆる宣伝手段を使って癒やしていこうとした。そのナチスが次は加害者となって、第二次大戦を生み出したわけです。今のイスラエルの暴力も、イスラエルの人々がどんな傷を負ってきたのかという物語のうえに立っている。

いとう　被害の過去が加害の原因になってしまう。

藤原　かつて日本が中国東北部につくった満州国には、未開の地を切り拓いて新しい国を建てるというユートピア的な理想のもとに、長野県をはじめ日本中からたくさんの人々が移住しました。しかしそれは実は、その前に中国東北部へ移民した朝鮮人がつくった田んぼを安く買いたたいたり、彼らを追い出したりして難民にしてつくった国だった。さらに一九四五年八月九日にソ連が攻めてくると、追い出された日本人たちも難民となって命からがら逃げて、残った人たちは中国残留孤児と呼ばれた。そういう人々の記憶は被害の記憶として語られてきました。

その人たちの被害はもっともっと語られて、明らかにしなければいけない一方で、ようやく二〇一六年に「NHKスペシャル」でも放送されましたが、逃げ切れなかったお母さんたちに「子供を殺すのを手伝ってください」と頼まれて、子供を殺した河野村開拓団の男性の話が出てきた。それから、平井美帆さんのご著書『ソ連兵へ差し出された娘たち』にあるように、女性たちをソ連兵に差し出したという加害の記憶も、少しずつ出るようになった。でも、中国や朝鮮や台湾の人々への暴力はまだまだ語られていない。加害の記憶を語るのは、ものすごく難しいのです。

いとう　それを聞くほうにも相当の覚悟が必要だし、なかなか話してくれることではない。被害でさえ話せないのに。

藤原　絶対に話せない、できればお墓まで持っていきたい。でもそれを誰かがきちんと書いていかなければ、人間はまた同じことを繰り返す。

傷を見ないことにする社会

藤原　いとうさんがすごく正直だなと思ったのは、どの場所でも、「目が合わせられない」ということを何度も書かれていますね。

いとう　そうなんです。気が弱くて、傷ついた相手を見つめられない。

藤原　例えば爆弾で手を失った子供とか、助かる見込みのないロヒンギャの子供を見ているのが辛いということを、どうしてわざわざ書かれているんですか。

いとう　自分が彼らに何もできないことがわかっているからですね。どうしてあげたらいいかの答えがその場にない。答えられないのでごまかしている自分がいて、その自分というものを書いておかなきゃと思ったんです。

でも僕は今、藤原さんの話を聞いて気づいたんですが、過去に遡って考えることで、問題の原点みたいなものから解きほぐしてみる、少なくともその営為が必要なんじゃないか。僕は歴史家ではないので、つい今と未来のことしか考えない。これだけ世界中で人が動いている、この移民たち、難民たちはどうすればいいのかというのは、僕一人ではもちろん解決できない問題ですが、その未来へのゴールが見えないから、彼らと目を合わせられなくなっていたと思うんです。

でも、それが実は過去にもあったことなんだと分かると、別の考え方ができるかもしれない。僕自身も、もっともっと古い過去にどこかから移ってきた者だと考えてみる。朝鮮半島から日本に流れてきた者の一人かもしれないし、さらにいえば、自分も加害と被害の歴史の中にいるかもしれない。ずっと昔に移動してきたときに加害している可能性も、被害に遭っている可能性もある。そう考えてみると、少なくとも自分というものがその結節点に立つことはできるかもしれない。藤原さんのおかげで今、何となく気づきました。

藤原　いとうさんは、現地のレポートの中で時折、日本の下町の戦争の記憶をよみがえらせていますよね。

いとう　そうですね。自然によみがえってくるんです。なぜなら、今も東京の下町には空襲の被害者のための慰霊碑や地蔵像が点々とありますし、関東大震災のときに隅田川で亡くなった方々の碑などもある。子供の頃からそれらを見てきましたから。

藤原　歴史というのは地層のようなもので、掘るとすぐに過去がボコッと出てくる。いろんな時代の地層が湾曲しながら混ざりあっているのが本当の歴史だと思うのです。私たちは歴史の中にしか生きられない。過去のことを知って、やっと何とか自分は自分であるということに気づいていくわけです。いとうさんが突然日本のことを思い出されたりするのは、そのような地層的な歴史観だと思います。

いとう　そうですね。確かにそのとおりです。

藤原　今、私の講義に出ている学生たちが入管の問題にかかわる団体で活動していて、私も参加したことがあります。スリランカのウィシュマさんのことや、ナイジェリア人の男性が入管でハンガーストライキをして死亡したことを学生たちは取り上げて、集会を開いています。あれこそ私たち日本人の恥ずべき加害暴力だと思う。でもその加害は密室で行われていて、いとうさんが出会ったような傷さえも見えない社会に、今の私たちは生きている。そのほうがよほど残酷じゃないか。

日本の入管はどうやってできたかといえば、もともとは在日コリアンの人々や韓国からの難民を本国に送還するために収容する場所として大村収容所があったわけです。戦争中は日本帝国の一員として同化政策を進めておきながら、戦後はいきなり関係を打ち切ってきた。そういう隣人たちと日本の関係も、今の問題に回帰してくるんです。

いとう　つまり我々は、何か大きな問題に出会うと、すごく深いところにある傷の原点をどうにかしなくてはと思いながら、深すぎて潜れないみたいに考えてしまうけど、傷というのは精神分析的には、常に体の表面にあらわれる。体に何か震えが出ちゃうとかけいれんが起きちゃうとか、表層的なものの中にあらわれるから、すかさずそこから歴史をちゃんと見なければいけないということですね。

藤原　まさにそのとおりです。傷は深くにあるから見えないんじゃない。今も私たちの皮膚の表面に出ているじゃないか、ということです。

いとう　それに気づかないふりをしていたり、言語化できていないために気づかずにいる。自分たちでそのＰＴＳＤに気づいていくということが、すごく重要なことかもしれないですね。

藤原　それを見ないようにするために、例えば慰安婦の問題も、ロマの殺戮も、原爆も、単なる外交上の記号にしてしまっている。見たくないから、壁をつくろうとする。トランプ大統領も壁をつくったし、イスラエルもヨルダン川西岸地区に大きな壁をつくっていますね。

いとう　西岸地区の壁は、向こう側があるとは思えないぐらい高いビルみたいなものでした。

藤原　向こう側があるとは思えないという壁。それはいわば新しい中世ですね。冷戦が終わって壁が崩れて、また壁が少しずつ作られて、差別される人々ができて、その被差別民が難民になる。今、世界の難民は一億を超えています。世界の人口が八十億人として、約百人に一人は難民です。彼らの〝被差別集落〟が難民キャンプとして、あるいはガザとして世界中にできて、しかしそれをもう見なくていいという時代になっている。グローバル時代だからこそ壁ができていくことになってしまっていると思います。

いとう　確かにそうですね。壁の時代は、さっきの視線の問題で言えば、相手を見なくていい。目を合わせられずに戸惑うんじゃなくて、見なくていいということになったときに、相手は即座に虫けらになってしまう。

藤原　虫けらとして殺戮されても目に入らなくなるんです。

文明と文明のはざまで

いとう　そういう状況の中で、藤原さんは今どんな研究を進めているんですか。

藤原　プロジェクトが二つあって、一つは、「飢餓」から現代史をもう一回捉え直していくというプロジェクトです。飢餓を通じた暴力は、ガザでもそうですが、今も武器になっている。ナチスも実は飢餓を使った暴力、「飢餓計画」を立てていました。飢餓によって三千万人のロシア人を殺そうとして、実際に三百万人を殺した。

いとう うわあ。今のガザとやり方が全部同じだ。

藤原 日本も占領中にベトナムで二百万人を餓死させているし、朝鮮からコメを輸入するために朝鮮の人たちを飢えさせている。飢えは見えないけれど、すごい暴力だと思います。

いとう でかい爆弾ですね。

藤原 飢餓という爆弾です。飢えについての言葉で、私が驚いたものがあります。ブラジルの貧民街に生まれて、サンパウロでくず拾いをしていたカロリーナ・マリーア・ジ・ジェズースという黒人女性がいたんです。彼女はくず拾いをしながら日記を書いていて、その日記をあるジャーナリストが「発見」して、すごい日記だといって出版したらベストセラーになった。実際は彼女がジャーナリストを説得したという説もありますが、いずれにしても、世界中で翻訳されて、ジェズースは一躍お金持ちになるんです。しかし結局当時の知識人たちから嫌がらせをうけ、差別されつづけた。その人の言葉が「飢えは人体のダイナマイトである」。

いとう すごいフレーズだ。

藤原　飢えというのは血も出ないし、衰弱して死んでも哀れみを持たれないから、餓死とはその人の存在そのもの、歴史もろとも殺していくダイナマイトのような死だということです。

いとうさんが歩かれたどの場所でも、ただ目に見える傷を治せばいいという話ではないですよね。そこにいることや生きることを否定されて、歴史も否定されて、たどってきた人生も否定される。しかも、やっと難民キャンプにたどり着いても、犯罪予備軍としてフェンスに囲まれる。そのように、「あなたはここにいていいですよ」と一度も言われない暴力がどれだけ辛いかということを、「飢えは人体のダイナマイトである」という言葉はあらわしていると思うんです。

いとう　尊厳を最初に殺して、あとは残りの時間をかけて肉体を殺すだけ。飢えってそういう殺し方ですよね。そんな過程の中にいさせられることを考えたら、兵糧攻めというのは本当に非人道的な、ひどいやり方だと思います。

藤原　ガザでふくらはぎを撃たれ、肉を裂かれた若者たちも兵糧攻めと同じです。肉体の自由を奪われて、労働もできない、生きていくための根拠を持てない。

いとう　まさに今のガザ全体が、その兵糧攻めの暴力にさらされている。藤原さんのプロジェクトのもう一つは何ですか。

藤原　二つ目は、現代史の概論を書くことです。これは一人ではとてもできない仕事なんですが、蛮勇を振るってチャレンジする理由は、これまで二十世紀の概論を書いてきた人は男性の白人が多いからなんです。ホブズボームの『20世紀の歴史』もすばらしいし、マゾワーの『暗黒の大陸』もすばらしい。しかし描かれていないところがいっぱいある。それはいろんな文明のはざまで、まさにいとうさんの歩かれたところばかりです。そこから現代史を書いていきたいと思って、今、蛮勇を振るっています。

いとう　僕はいろんなところを徒手空拳で歩き回って、それをただただ書いているだけなんだけど、藤原さんがバックにいてくださると、とても勇気が出ます。これからもいろんな場所へ行ってレポートしたいと思います。

藤原　それを読んで、また私も学ばせていただきたいと思います。

初　出

戦争とバングラデシュ編……「群像」2024年9月号、2025年2月号、群像WEB
「故郷を失った人たちの声を聞く」……書き下ろし
「歴史の傷と向き合うために」……「群像」2025年4月号

いとうせいこう

1961年、東京都生まれ。編集者を経て、作家、クリエイターとして活字・映像・音楽・舞台など多方面で活躍。『ボタニカル・ライフ』で第15回講談社エッセイ賞を受賞。『想像ラジオ』が三島賞、芥川賞候補となり、第35回野間文芸新人賞を受賞。ほかの著書に『ノーライフキング』『存在しない小説』『我々の恋愛』『どんぶらこ』『福島モノローグ』『東北モノローグ』、『能十番―新しい能の読み方―』、『見仏記』（みうらじゅんとの共著）、『「国境なき医師団」を見に行く』『「国境なき医師団」をもっと見に行く　ガザ、西岸地区、アンマン、南スーダン、日本』など多数。

「国境《こっきょう》なき医師団《いしだん》」をそれでも見《み》に行《い》く
戦争《せんそう》とバングラデシュ編《へん》

2025年4月22日　第1刷発行

著者　いとうせいこう
発行者　篠木和久
発行所　株式会社 講談社
〒112-8001　東京都文京区音羽2-12-21
電話　出版　03-5395-3504
販売　03-5395-5817
業務　03-5395-3615

KODANSHA

印刷所　株式会社KPSプロダクツ
製本所　株式会社国宝社

　ISBN978-4-06-539086-3